# 社会変革の新たな主体像を探る

～未来への希望は地域に～

2023

築山　崇

# まえがき

## 地域へ、そして地域から未来へ

学生サークルでの、「地域に根ざす教育」、生活綴り方との出あいから、生活指導論への関心を深め、中学教師となった1970年代。それは、思春期の揺れる心と向き合うことで、人格発達論の世界への入口となった。ソビエト心理学をテキストに大学院での学び直しを経て、生活指導論・発達論に回帰。さらに、生涯発達論を介して生涯学習・社会教育の世界へと歩みを進めた1980年代。

大学教員としての活動基盤を得て、信州の公民館・社会教育の豊かさに魅せられながら、教育活動と一体となった地域との関係を蓄積しつつ、地域づくり論、学習と人格形成の理論に学んできた1990年代から2000年代。

その後大学運営に深く関与する10余年を経て、2020年代、ようやく研究らしさを感じられる生活を迎えることができた。そこで今回、大学入学以来半世紀の時を経てこれまでの歩みを確かめ、これからの方向を定めるために、本書を編むことにした。振り返れば、必然とも思える経験の連鎖があり、数々の出会いが織りなす時の流れが今の自分をかたちづくってくれたのだとあらためて気づかされる。

2020年新型コロナウィルスのパンデミック、世界的な生活スタイルの激変という、全く思いもかけない状況で迎えたリタイヤ生活は、気候危機の現実化と相まって人類の危機という認識を世界が共有する局面のただ中でのスタートとなった。

アカデミズムに目を向けると、新自由主義のグローバルな展開過程でのソ連崩壊という激動は、「マルクス主義の終焉」イメージの拡散とともに、マルクスとその思想・理論そのものへの新たなアプローチも生み出している。なかでも、近年のMEGA研究の成果は、新たな視点からのマルクス像を描きつつあり、佐々木隆治や斎藤幸平の諸著作には示唆されるところが大きい。また、『資本論』に先立つ『経済学批判要綱』などに着目したマルクス研究、近代民主主義批判と新たな主体形成論はじめ、多様な民主主義論を踏まえ斬新的な将来社会論を展開している鈴木敏正の論に注目してきた。本書は、ひとまずそれら諸研究に学びつつ、身近な地域に軸足を置いて将来社会を展望しようとする試みである。同時に70歳という節目に、これまで果たせていなかった単著の刊行という、研究者を自認する者として最小限の務めを果たしたいという願いによるものでもある。

学術書には遠く及ばないものであることを自覚しつつ、実践とはいささか距離を置いてたところから社会の将来を論じるというわがままに、諸氏の寛容を請うところである。わずかでもこれからの時代の地域づくりや学習・教育の新たな試みへのヒントとなるところがあれば、望外の幸せである。

目次

# 第一部
# 地域づくり活動に主体形成の新たな可能性を探る

# 第一章　人と暮らしが織りなす景色

## はじめに

国鉄バス（当時）で京都駅から1時間半。京都の街並みを北西にはずれ、高雄を過ぎてバスは周山街道（国道162号線）を川端康成の『古都』にも描かれる北山杉の美林を見ながら谷あいを進み、京北と呼ばれる盆地の一角、周山に至る。大堰川を背にした小さな町のバスターミナルからは、山国、鶴ケ岡など山あいの里へと路線が伸びている。鶴ケ岡線で安掛まで1時間ほど。再度乗り継いで、知見口を経て終点の田歌集落までやはり1時間ほどだったかと思う。ここが目的地ではない。さらに林道を2時間ほど歩いて、京都府北部最奥の集落芦生《あしゅう》に到着する。

峠を越えればもうそこは若狭。日はすでに山の端に近づき、ひぐらしの鳴く透明な響きを風が運んでくる。由良川の源流が近く、京都大学の演習林が立地している。川辺から少し上がったところに、山肌を削って作られたわずかな平地があり、小学校の分校と、京都府が設置した宿泊施設「山の家」が小さな広場をはさんで向かいあって建っている。

筆者にとっての教育の原点を探る鍵としての「地域」という言葉との出あいは、この地の風景と重なる。全校生徒十数名、複式学級、教員三人という学び舎に集う子どもたちや集落の人たちとの交流が印象深く思い出される。

当時、日本列島は高度経済成長の終盤を迎えていた。都市への急激な人口集中に伴う農村部の過疎はすでに社会問題化し、芦生ではその対策として、山菜の加工施設が作られ、今でいう地域おこしが試みられていた。「山の家」の開設も行政による地域振興策の一環だったと思われる。

「地域」という言葉で、もう一つ浮かぶ風景がある。「かつての賑わいを失ったまち並み」がそれである。趣味のバイクツーリングも30年近くなり、京都府内はじめ近畿圏の地方道は大方走りつくした感があるが、洋品や日用雑貨などの看板を掲げたまま戸口を閉めた家並が続くローカル線の駅前通りの景観に度々出あった。その度、寂しさと共に「この地の賑わいを生んでいた源は何であり、それはいかにして失われたのか」という疑問、そして再び賑わいを、否、人々の暮らしを取り戻す術はないのかという思いがつのる。

芦生で出あった「地域おこし」の試みは、高度経済成長末期のそれであったが、以来半世紀、事態はより深刻さを増し、近年では「消滅可能性都市」という衝撃的な名称で、８９６の市町村が指名されるという事態にまで至っている。「地方創生」という掛け声のもとに政府主導（「ひと・まち・しごと創生本部」）の事業が、東京圏への一極集中の是正と地域振興による活力ある日本社会の維持を目指すとして進められている。しかし、その実態は、平成の市町村合併を経て、広域での効率的な地方自治体運営という、地域それぞれの個性を生かした暮らしを人々の手に取り戻す方向とは、むしろ真逆の方向へと進んでいるように見える。訪れるたびに、色あせてみえる小さな町や村の風景が、否応なくそう感じさせるのである。

前置きは、これぐらいにしてそろそろ本論に入ろう。

## 第一節　生活が人をつくるという思想

### 高度経済成長期の民主主義教育論としての「地域に根ざす教育」の思想

「地域に根ざす教育」という言葉から少し時をさかのぼると、『村を育てる学力』という一冊の本に行きつく。兵庫県但馬（豊岡市）の小学校教師東井義雄による実践記録である。「生活の論理」に根差しつつ、教科の論理を重ねるという東井の学力観が示されると同時に、「生活の貧しさのために心まで貧しくなってしまっている村の子どもたちに、何とか『村を育てる学力』を、こんなくらしは自分一代だけでもうたくさんと、子らには都会で暮らすことを夢見させる大人たちに何とか生きがいを」という願いを込めた著書である。綴り方教育を軸に、「子どもたちをど真ん中に、農民の生き方そのものを問い直していく実践の記録」である本書は、「地域に根ざす」とは、そこに生きる人々の生活そのものに学び、その地の暮らしの確かな継続を目指すものであったと言えよう[1]。

綴り方教育については、「北方（性）教育」と呼ばれる戦前の秋田、山形などを中心に、村山俊太郎ら農村教師たちによる、日々の暮らしのありのままを綴ることで「物の見方、感じ方、考え方を鍛える」という「生活綴り方教育」と呼応したものであろう。山形の中学校教師、無着成恭の実践記録・文集『やまびこ学校』も、貧しい農村の子どもたちが、自らの暮らしを綴ることをとおして成長していく姿を生き生きと伝え、大きな影響力を持った。筆者の学部卒業論文「生活綴り方における生活指導の位置づけについて」は、つたない内容ながら書くことを通じて、認識力にとどまらず、生活の力、生き方の指導にまで迫ろうとした実践の可能性を探ろうとしたものであった。この論文は書くことと学級集団づくりを統一的に進める「生活指導」から、国語科教育における「文章表現指導」へと重点を移す1962年の日本作文の会の方針転換、ロシアの教育思想家・実践家のマカレンコなど、ソビエトの集団主義教育などに学びつつ、独自の集団づくり実践の体系化を目指した「全国生活指導研究会（全生研）」の実践・理論なども検討素材としていた。

1970年前後からは、公害問題など高度経済成長によってもたらされたゆがみも背景に、地域の自然、産業、文化などを教材として取り上げ、社会に対する科学的な認識を育てていこうとする実践も見られるようになる。筆者の記憶に残る、鈴木正気『川口港から外港へ―小学校社会科教育の創造―』（1978）は典型的な実践事例の一つと言えよう。

このような、1960年代から70年代にかけて展開された一連の教育実践は、高度経済成長期にあって、足元の暮らしに目を向け、科学的な認識や豊かな感性を育てることで、経済優先、効率重視の人づくり政策に対抗しようとする教育理念を体現していたと言えよう。

『民主的人格の形成』（1982）で知られる川合章が自らの教育研究を振り返って著した『教育研究 創造と変革の50年―人間の教育を求めて』（1999）の中で、「経済主義の教育政策と人格形成」の章で、公害教育、過疎問題、沖縄学習、農村の変貌などの実践を振り返りつつ、「60年代半ばから地域の変貌と教育のあり方を問い続けていた日本生活教育連盟は、67年の全国集会の主題を『地域の現実と教育の創造』とし、歴史教育者協議会は…70年、71年の大会のテーマを『地域に根ざし…』とした。『地域に根ざした（根ざす）教育』という表現が、広く子どもたちの人間としての豊かな発達を願う教育関係者の合言葉になるのはこの頃である」と述べている[2]。

この川合の指摘は、「地域、集団、人格への注目」と題された、1950年代後半から60年代末の教育実践を対象とした章の一節である。同章では、「全生研」によって体系化が図られた「集団づくり」実践も含め、科学的認識を育てる教科教育と、集団づくりによる民主的行動能力の育成とを一つの視野に、子どもを、その心とからだ、生活の総体とのつながりの中で〝まるごとつかむ〟という教育観が紹介されている。現場教師の自主的な教育実践研究、民間教育研究団体相互の共同の研究活動の発展のなかで、子どもが見せる様々な姿を統一的に捉えるべく、「人格」という視点が形成されていった経過を読み取ることができる。

筆者が学生時代に、子どもの見方や教育の在り方について考えていた過程は、このような60〜70年代の教育実践と研究活動の流れの中にあったのである。日本作文の会熊本大会で訪れた阿蘇の景色や、蒸し暑い体育館での教育科学研究会夏季集会など、全国から集った教師たちの熱気が懐かしく思い出される。

ここで筆者の研究活動の経過を簡単に振り返ると、学部卒業後の中学校教員としての経験から生まれた人格発達の理論への関心に根ざした大学院での発達論、心理学理論研究があるが、それは助手の時期に一つの論文としてまとめることで一段落する。その後、生活指導研究へと回帰し、さらに専任教員となった大学で教育研究活動の領域が、生涯学習・社会教育、社会福祉分野へと移ることになる。

社会教育や社会福祉の領域は、それまでも重心の移動があったとはいえ、学校教育とその周辺に関心が集中していたところからすれば、未知の新領域といっても大げさでなく、そのため、学会、各種の研究会、実践の現場へと足しげく通うこととなった。そんななかで、決定的とも言っていいその後の社会教育、社会福祉の観点から地域を捉える原点となったのが、長野県松川町の「健康学習」との出あいであった。その先には、長野県松本市における公民館、地域福祉施設を拠点とした住民の学習・地域づくり活動があり、これらをつないだのが、研究的な関心を深化させる場となった長野県下伊那の阿智村を会場に全国の研究者、実践家が集う「現代生涯学習セミナー」であった。

本章でまず、松川町の「健康学習」について、その概要とそこから学んだ内容をまとめておきたい。そのうえで、次章では、松本市の事例についてやや詳しく紹介しつつ、「身近な地域における多様な活動主体の連携・協働が拓く未来」についての理論的考察を試みたい。

---

1 同書は、1957年の出版。東井義雄については、「東井義雄記念館」ホームページを参照した。
2 同書pp．172-177

## 第二節　暮らしと地域をつくる学びに触れる―松川町における「健康学習」に学ぶ

### ～出会いは、笑顔の語らいとともに～

当時非常勤で担当していた立命館大学産業社会学部の発達・福祉コースのゼミ生と松川町を初めて訪れたのは、１９９４年の厳冬期であった。その前年、阿智村で開かれた「現代生涯学習セミナー」の会場に置かれていた「松川町健康白書」を手にしたのがきっかけである。「白書」は、年1回開かれる「健康を考える集会」での報告を収録したもので、資料も含め数センチのボリュームが実践の迫力を物語っていた。面識のない保健婦に、いきなり電話で訪問の意思を伝えると快諾を得、一気に緊張がほぐれたのを鮮やかに覚えている。この訪問が、筆者のその後の「地域調査」のスタイルにつながった。それは、住民、実践家との対話、飲食を共にした交歓というなんとも〝ゆるい〟ものであった。

初回の訪問は、会場となっていた農業振興施設のキッチンで、中年の男性グループと学生たち、そして筆者も一緒に料理（酒の肴）をつくるという楽しいひと時から始まった。帰路、学生たちは、自分の父親世代にあたる人たちの熱い健康談議に感動しきりであった。筆者にとっては、社会教育、住民の学びのイメージが膨らむ機会となったことは言うまでもない。のちにこのイメージは、松本市の町会公民館での住民グループとの交流でさらに重ね書きされ、強固なものとなっていく。

かなりのちになって気づいたことであるが、この松川町は、筆者が高校3年生の夏休みに受験勉強の場として3週間ほど滞在した「学生村」が山間部に開設されていた町であり、何か運命めいたものを感じさせる出あいであった。因みに、「学生村」滞在前の筆者の進学希望は法学部であったが、「村」を出るときには教育学部に変わっており、その意味でも運命的と言っていいであろう。

## 1　松川町の「健康学習」の概要

### キーマンとしての保健婦（保健師）[1]、公民館主事

松川町の健康学習を育てた中心は、公民館主事・社会教育主事である松下拡氏と、熊谷保健婦である。松下氏は、小学校教師を経て社会教育の道に進み、熊谷保健婦と協力して、町内に多数の学習グループを組織していった。その手法は、熊谷保健婦の話によれば、核になりそうな人に目当てをつけて説得し、その友人に声をかけてもらう。また婦人会内の小グループに声をかけて学習の場を設けるなど、様々な機会、つながりをとおして、ひとり一人に働きかけ学習グループをつくっていく、個別的、継続的な働きかけという地道な努力の積み重ねを基本としたものであった。そしてなにより印象的なのは、「楽しくなければ学習じゃない」という信念や、少しでも難しいと感じるところがあれば、わかるところまで戻って学習しなおすという自称〝スイッチバック学習〟という手法など、今日一般的となっている講座やワークショップといった定型的手法の萌芽ともいえる手作り感いっぱいの学びの世界がそこにあったことである。また、初期によく紹介された「モルモットの会」というグループでは、飲酒が健康に及ぼす影響を知るために、宴会を開いて、飲食の前後に採血、翌朝など時間をおいてまた採血し、検査結果をもとにアルコールの身体への影響や各々の体質を学ぶという、自分たちが実験台（モルモット）になるリアルな体験的学習方法がとられていた。「血液

とは何か。『生きること』を生物学的にイメージして考えることによって『学習』が成り立つ」という松下氏の考え方がそこにある。そこまでのユニークさはなくとも、多くは健康診断結果を基本に、血圧・血糖値・尿酸値など個別のテーマで、具体的な事例を通して考えるかたちが多くとられていた。また健康診断では、その都度医師などによる保健指導がなされるのが常であるが、健診の累積データ（経年変化がわかる資料）を住民自身が手元において、日々の暮らしと健康との関係を実感を持ってとらえられるようにすることで、継続的な健康づくりの実践につなげていた。なかには、数十年という長いスパンで自らの健康状態の変化をとらえ、それを家族の歴史や町の環境の変化などと結び付けて学習することを可能にするような事例も見られた。子世代が結婚し食事が洋食化したことで、油脂の摂取が増え、血中の脂肪濃度が上がっているというデータの解釈から学んだり、町にコンビニができたのを機に、各種の弁当のメニューを比べたり、数種の弁当を一通り食べてみるといった体験的手法も見られる。このような事例に見られるように、健康との関係がまず問われるのは、食との関係できわめてわかりやすい具体性がそこにあるが、果樹栽培農家が多いという町の特性から、果樹園での労働と肩こり、腰痛など身体症状との関係などもわかりやすい学習の入り口となっている。

身体の異状の背景には、睡眠や休養といった生活リズム、さらにその外側に広がる社会構造がある。自身の身体、健康についての学習が、多彩な学習テーマへの入り口となり、福祉や子育て、教育などの分野の学習、まち（地域）づくり活動への発展の契機もそこに秘められていた[2]。

## 生涯学習の典型としての「健康学習」

ここでは、公民館主事として、そして退職後も松川町の「健康学習」の発展に尽力してきた松下拡氏の所論をもとに、実践と理論を整理、確認しておこう。筆者が初めて松川町を訪れ実践に触れたときには、活動が始まって20年ほどが経過し、松下氏によって活動全体が図１－１のように健康問題を見る視点として同心円状に示されていた[3]。

「健康学習」が生涯学習の典型であるというのは、松下氏の表現であるが、この図を見れば明らかなように、住民にとっても理解しやすい構造を示している。

疲労や不調など、自分自身の身体に現れた健康のゆがみの直接の背景を、食事や睡眠、仕事の実態など、思い当たる具体的な生活に求めるという問題の自覚化の第一段階がある。そこから先は、社会教育職員、保健師、栄養士、医師など専門家のサポートも得て、社会的背景へと学習の対象を広げていく。そのことによって社会問題とされる事柄が、自身の生活、健康に影響を及ぼしている筋道が見えてくる。自らの暮らしを社会との関係

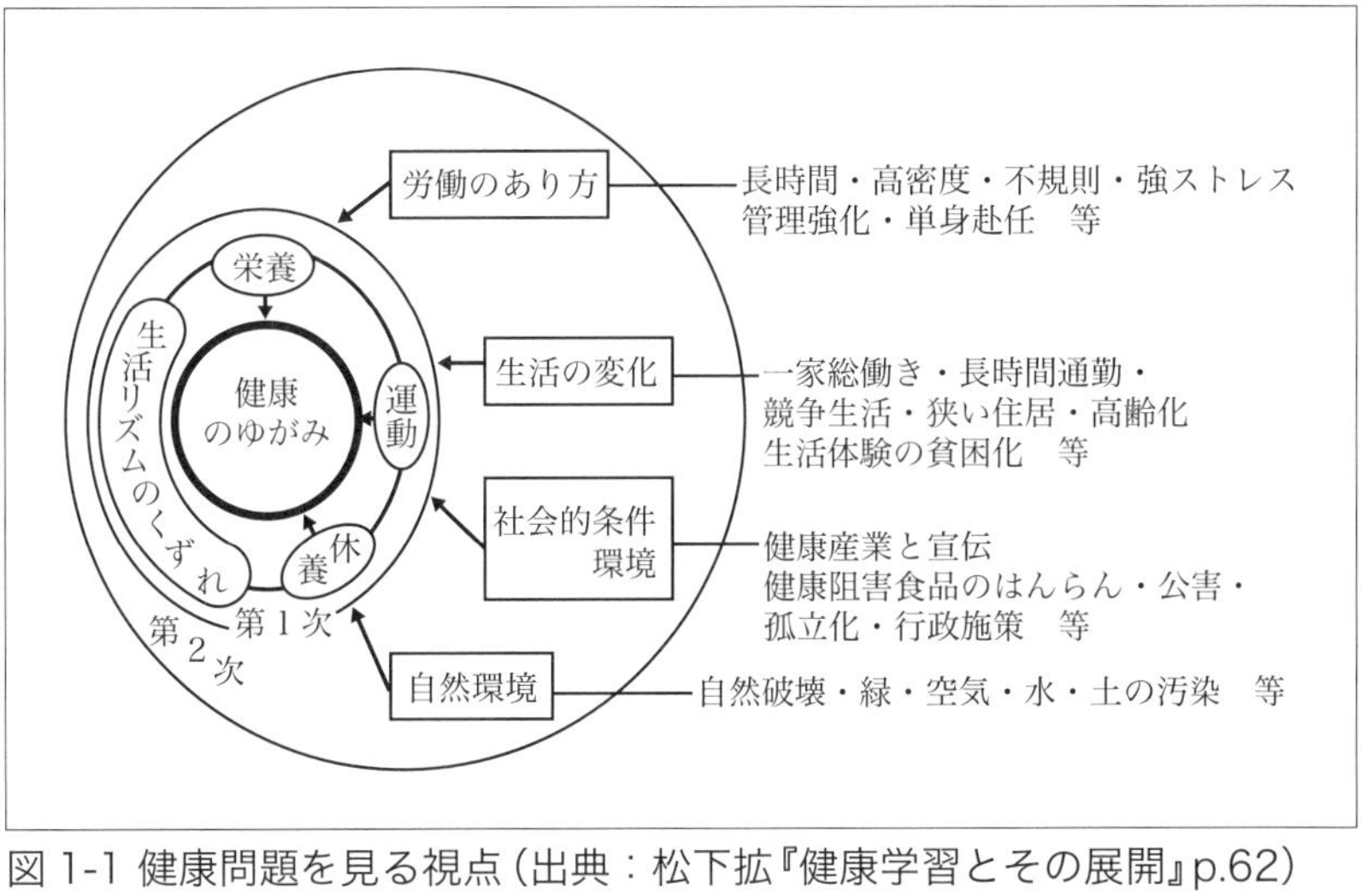


図 1-1 健康問題を見る視点（出典：松下拡『健康学習とその展開』p.62）

で自覚的に把握、理解することができていくこの双方向の関係こそ、「生涯学習の典型」の意味するところに他ならない。

　そして、ひとり一人の学習過程に立ち入ってみると、すでに触れたように、健康診断の結果を一時的な情報として得るだけでなく、学習素材として活用し、検査結果の経年変化を生活史と結び付けていく工夫が、健康づくりの主体的取り組みをつくりだしている。表１－２は、その一例を示す資料である。

　少々見にくいが、太線の囲みごとに、10年前といまとを比較する表となっており、改善されているケース、逆に問題が見えるケースなど、○、△の書き込みが学習会の記録となって示されている。

　町では、多くが農閑期に開かれるグループごとの学習会と併せて、毎年冬季に「健康を考える集会」と称して、各グループの活動発表と、医師など専門家による講演などが行われている。集会当日には、食を中心とした各種

| | 年齢(才) | 年齢(才) | (10年前)体重(Kg) | | (今)体重(Kg) | (10年前)肝機能(異常値のみ) | | (今)肝機能(異常値のみ) |
|---|---|---|---|---|---|---|---|---|
| ① | 43 | 45 | 84 | ↓ | 82 | GOT 42 GPT 57 | ↓ | 正 |
| ② | 41 | 49 | 70 | ↓ | 67 | GPT 45 γ-GTP 132 | ↓ | 正 |
| ③ | 45 | 55 | 71 | ↓ | 70 | 正 | → | 正 |
| ④ | 38 | 48 | 68 | ↓ | 62 | 正 | ↑ | γ-GTP 88 |
| ⑤ | 45 | 55 | 58 | ↓ | 56 | 正 | ↑ | γ-GTP 81 |
| ⑥ | 45 | 55 | 58 | ↑ | 60 | 正 | → | 1.4 |
| ⑦ | 38 | | 65 | ↓ | 62 | 正 | → | 正 |
| ⑧ | [illegible] | 50 | 59 | ↑ | 60 | 正 | → | ZTT 2.1 |
| ⑨ | 46 | 52 | 61 | ↑ | 63 | γ-GTP 92 | ↑ | γ-GTP 234 |
| ⑩ | 38 | 48 | 55 | ↑ | 56 | 正 | → | [illegible] |

| | 高脂血(10年前)総コレ | HDL | LDL | 中性脂肪 | 血糖 | | 高脂血(今)総コレ | HDL | LDL | 中性脂肪 | 血糖 |
|---|---|---|---|---|---|---|---|---|---|---|---|
| ① | 231 | 43 | 154 | 168(4) | 79(7) | → | 230 | 44 | 152 | 167(0) | 91(7) |
| ② | 226 | 53 | 124 | 243(0) | 86(5) | ↑ | 246 | 55 | 150 | 202(0) | 123(7) |
| ③ | 211 | 32 | 107 | 445(0) | 95(0) | → | 200 | 35 | 100 | 322 | 109(7) |
| ④ | 184 | 58 | 94 | 158(0) | 95(0) | → | 182 | 58 | 101 | 113(0) | 105(7) |
| ⑤ | 154 | 42 | 85 | 134(0) | 89(7) | ↓ | 140 | 44 | 78 | 101(0) | 120 |
| ⑥ | 196 | 68 | 93 | 174(0) | 129(0) | ↓ | 173 | 71 | 70 | 160(0) | 91(7) |
| ⑦ | 153 | 56 | 81 | 76(0) | 126(9) | → | 164 | 58 | 97 | 48 | 106 |
| ⑧ | 197 | 49 | 95 | 264(0) | 99(7) | → | 191 | 45 | 102 | 220(0) | 108(9) |
| ⑨ | 233 | 89 | 122 | 106(0) | 91(0) | ↓ | 244 | 73 | 102 | 192(0) | 86 |
| ⑩ | 121 | 50 | 60 | 55(0) | 114(5) | ↑ | 135 | 50 | 75 | 49(0) | 98(7) |

表 1-2　ひと昔前の私と今の私『健診データでみる 10 年の変化』松川町健康白書第Ⅸ集より

ポスター資料、食事のサンプル、年度ごとの集会の記録集などが展示され、わかりやすい情報発信の場となっている[4]。

また、図１－３（健康問題を取り上げている組織）のように、各地区に組織された学習グループは20を越え、地区公民館はもとより、婦人会、青年団など各種地縁組織、商工会、農協など産業関連団体、行政の担当組織などとの連携が図られている。

## 「健康学習」からの展開

「健康学習」で形成された上記のような学習スタイル、組織形態は、健康づくり以外の分野にも展開しており、高齢者や障碍者の暮らしを支える関係づくりや、子育て・子育ちの分野に見ることができる。

筆者が松川町を訪れるようになった１９９０

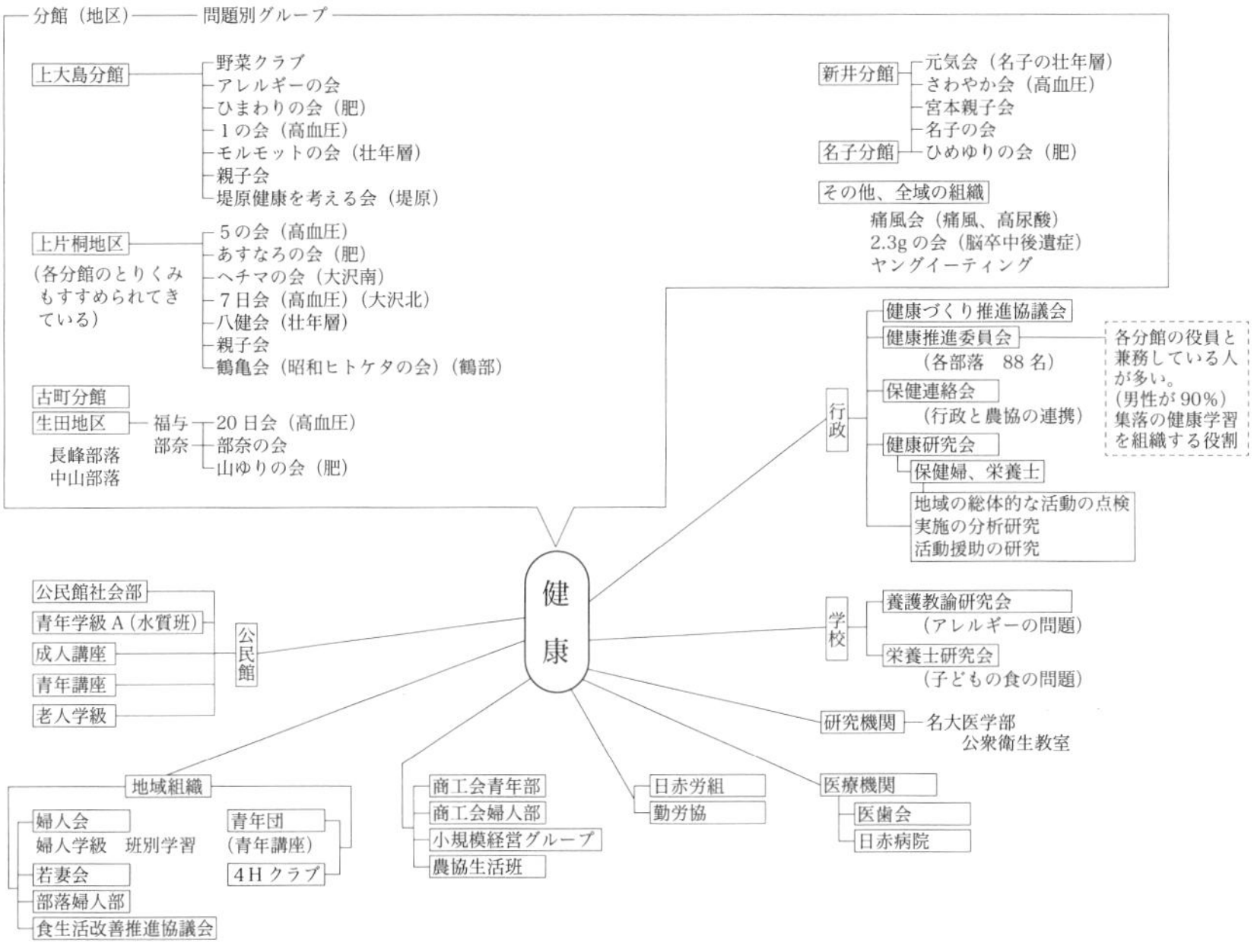


図1-3 健康問題を取り上げている組織（出典：松川町健康白書　健康実態調査資料集　第Ⅳ（上巻）１９９３　より転載）

年代半ばは、２０００年からの介護保険制度導入を前にした時期で、「福祉を考える集会」では、制度についての学習が展開されつつあった。また、障碍者の自立支援施設づくりの活動報告などもあり、小グループでの学習や活動を町全体で共有する取組みが進められていた。「教育を考える集会」も開かれている。教育を巡っては、山間部の小学校が児童数減への対応として、山村留学の取組みが行われており、「シェルパクラブ」という運営組織は、山村留学にとどまらず、秋の松茸観光や住民が交代で店番をする「居酒屋」など、手作りの交流活動にも取り組んでいた[5]。

ここでは、筆者が直接インタビューすることができた「親子会」の活動を紹介しておこう。これは、小学生の子どもを持つ母親たちが、選果場での仕事の合間の会話をきっかけに、学校や家庭ではできない地域ならではの子どもたちの体験の場づくりに取り組んだ活動である。病院の協力を得て新生児に触れる機会を持ったり、簡易な職業体験など、月に1回程度の身近な地域での活動を続けていた。活動の都度、〝次はなにしよう〟と、あえてきちんとした体制や計画をつくらず互いの負担にならないように工夫していたところが印象的であった。

後日、活動はUターンして町の保健師や役場職員となった青年たちから、「そういえば子どものころ、学校でもないし、家でもない、世界があったなぁ」という子どものころの記憶を聞く機会があり、「親子会」のような活動が、地域の子どもたちの育ちにつながっていることも実感することができた。

松川町との交流は4年ぐらいで一段落するが、筆者の担当するゼミ生が卒業論文でヒアリングを行うなどの関係は続き、２０１７年の「現代生涯学習セミナー」で、筆者が交流をもっていた「健康学習」グループの代表の方が活動報告する機会もあり、現在でも活動が継続されていることを確認することができた。

## 2　松川町の「健康学習」が語るもの

このように、ひとりの社会教育主事と保健婦の連携からスタートした「健康学習」活動は、生涯学習の典型、多様なニーズに基づく住民の学びの手作りのモデルとして、学習のテーマや形態を変えつつ継続してきている。注目されるのは、「なんとなく地域というものがあったような気がする」という青年の言葉に現れていたように、世代を超えた広がりが継続を生んでいることである。

２０２１年３月に開かれた「現代生涯学習セミナー」特別企画では、松下拡氏による「私の社会教育実践への取り組み」と題する報告があった。１９６２年31歳の時に公民館主事となり、当時伊那地方を中心に開かれていた「信濃生産大学」の活動にも触れながら、とにかく「地域に出る」ことを心がけ、「生産活動に従事する住民が物事をどのように考えているのか、考えていったらいいのか、そういうことを、皆と一緒に考え合って取り組んでいた」と述懐されている。「話し合い聴きあう関係をつくる」「共感・同調するような思いを自分で語り合えるような…空気をつくっていく、そういう司会役が、当時地域には必要だった」、学級や講座も、そのような関係づくりの中に無理なく位置付ける、そうすることで「自分たちの学習・文化活動にしていく」ことを目指してきたと、氏の歩みが語られている。「健康学習」は、そのような氏の取り組みが基盤となって実現したものであることを、あらためて感じるとともに、「住民の学習主体化」において、話し合いのなかでの共感を何よりも大事にしたいという氏の言葉を重く受け止めたい[6]。

1　「保健師」への名称変更は、2001年の法改正によるものであり、ここでは初回訪問時の呼称を用いている。
2　歴史的な経過としては、1960年前後に始まる「婦人集会」や「若妻会」など、女性の学習・集会活動が基盤となっている。それらについては、松下拡氏の著作（『住民の学習と公民館』1983 勁草書房）に詳しく紹介されている。
3　松下拡『健康学習とその展開　保健婦活動における住民の学習への援助』1990 勁草書房 p.62
4　『健康を考える集会』は、「地域のいろいろな自主組織において健康問題への取り組みが拡がってきたので、横の連携を図って実践の深まりを期待しようとして始められたもの」で、1976年に第1回が開催されている。「発足当初から地域の住民活動に基盤をおくことをきびしく原則としている」とされ、行政関係者や医療関係者も住民と同じように一委員として運営に参加することになっている。ここでも「保健婦と公民館の連携」によるところが大きいことが、松下の前掲書1983に記されている。ここでの図は、集会資料を参照して作成。
5　「教育を考える集会」は1981年度、「福祉を考える集会」は、1982年度から毎年開催されている。
6　松下氏の公民館主事としてのスタートは、小学校教師を辞めて農業をしながら青年学級の活動に取り組んだ兼務の時期が、専任となる1962年の前年に1年間ある。また、さらにそれ以前、小学校在職中に、母親たちの生活記録活動や学習会、青年との読書会などの活動もある（松下前掲書1983年のあとがきより）。
　このセミナーで木下巨一氏が、自治体の社会教育職員と、「個」としての「社会教育（実践）者」の役割、その性格の違いに触れた発言があり、関連して、松下氏は協働とは「各人の意欲を相互に生み出すことである」と語っている。（2020年度企画2021年3月27日セミナー記録集より）
　本書執筆の過程で松下氏からは、次のようなコメントもいただいた。「地域社会の創造と発展は、そこで生きている住民の意識と力によって生み出されるものであり、その力の『自覚』と形成を期待してかかわりをもつところに、社会教育職員としての役割がある。保健師との連携は、この原理に基づく社会教育の発想に基づいて、働きかけることによって生まれてきたのである。」

「『学習』とは主体的な営みである。その主体性への気づきを促し、現実的課題としての『健康実現』への課題意識を共有しつつ学び合いとりくみ合うことである。」

このほかにも、社会教育における職員の専門性の土台としての「住民の声を聴く力」、自治体職員の協働学習の必要性などについても貴重なご意見をいただいた。

# 第二章　地域づくりと暮らしの主体形成

## 第一節　地域社会の将来像へとつながる地域活動の諸契機について

### ～松本市の事例を通して～

本節では、地域づくりと暮らしの主体形成について、筆者が11年間にわたって継続的に交流をもった長野県松本市の住民の地域活動を対象に、個々の事例に含まれる地域づくりの諸契機を探り、その理論化のための枠組みを描くことを目的とする[1]。

はじめに、初年度（２００１年度）の現地調査をもとにした暫定的な提言を当該年度末に開催された京都府立大学福祉社会学部主催のシンポジウム報告から抜粋するかたちで、その時点での筆者の理解を確認する。次に２００１～２０１１年の調査活動の経過等をはさんで、２０１０年末の京都生涯学習研究会への報告によって、松本市での10年間の現地調査・交流と他地域の事例等の検討を通じて筆者が得た理解の枠組みを示す。さらに、２０１０年代以降の国の地方創生に関わる政策、およびこれに対応する地方自治体事業の展開を視野に入れ、それらを踏まえて、本章のテーマである「暮らしの主体形成」にとって重要と思われる論点に沿って、実践分析のための視点を示すとともに、地域づくり論の今後の展開方向に触れておきたい。

## 1 「新しい地域基盤」の生成過程と住民の学習活動

―シンポジウム「福祉社会を築く」（2002年3月京都府立大学）より[2]

本シンポジウムにおける報告では、はじめに報告における地域の概念について定義し（市町村とそこにおける住民組織を念頭に、ローカルなコミュニティ）、「新しい地域基盤」[3]の生成過程と住民の学習活動の過程との連関を問うことを目的として設定している。

報告本体は3部で構成されており、まず「生涯学習の理念の展開」と題して、生涯学習・社会教育、住民の学習活動、福祉社会形成に関する理論の基礎的カテゴリーを確認し、次に松本市における住民主体の地域福祉活動の典型例を紹介し、最後に「暫定的結論・提言」として、「身近な地域における、住民活動の再組織化」の必然性・可能性を論じている。ここでは、最初の基礎的カテゴリーに関する内容の一部の抜粋と、最後の「結論・提言」部分とを採録した。なお、表記上必要な最小限の字句の修正・加筆をしている。

### 公民館を中心とした社会教育実践・住民の学習活動

1950年代から60年代にかけての公民館を拠点とする住民の学習活動、社会教育実践は、小集団を単位とした活動である点に最大の特徴を見ることができる。生活記録、読書会、演劇など典型的な活動は、そこに含まれる書きそして読みあい、語りあい、表現するという、活動の要素に、住民の成長の契機を内包していたと思われる。

１９７０年代以降に展開する、生涯教育、生涯学習にまつわる議論や施策は、多様化した個のニーズに対応することや、変化の激しい現代社会への適応を迫る一面をもっていた。しかし、ユネスコ等国際的な議論の発展をみるとき、それはあくまでも事柄の一面に過ぎず、「生存に不可欠な学習」（ユネスコ「学習権宣言」１９８５）や「21世紀への鍵としての青年・成人教育」（成人教育国際会議「ハンブルグ宣言」１９９７）という理念は、学習が、生きることにアイデンティティと意味づけを与えるものであること、また年齢、社会的につくられた性差、平等、障害、言語、文化、経済的不均衡等にまつわる問題を解決していくことに寄与するものであることを強調している。

我が国における生涯学習政策の展開過程を、これらの「宣言」に表されている国際的潮流のなかに置いたとき、職業能力開発や個人の学習要求に応える情報や機会の提供に主要な関心がおかれてきた特徴（〝生涯学習政策〟は、少なくともそこに重点が置かれてきた）がみえる。一方で、公民館等社会教育施設を拠点とした住民の学習活動の展開をみると、学習権の思想や地域課題・社会問題にアプローチする学習活動を発展させてきた歴史的経験がある。

我が国のこの社会教育の経験を、生涯教育、生涯学習の新たな視点と対立させることなく、生涯にわたる人間の多様な発達を保障する営みとして生涯学習をとらえ、社会教育はその過程において固有の役割を果たすものと考えることが望ましいのではないだろうか。

## 身近な地域における、住民活動の再組織化

婦人会、青年団など日本の社会教育において中心的な役割を果たしてきた地縁団体には、役員の後継者難や構成員の減少など、活動の衰退傾向がみられる。中には解散を余儀なくされた事例もある。また、町内会・自治会も活発な活動を展開できているところは少なくなっている。これら地縁団体は、地域に生起する諸課題に総合的に取り組むことを義務づけられた組織という性格をもっている。「役割意識に根ざして地域貢献する」というあり方が、個々の要求を重視し、人間関係の調整や活動の段取りなどの面倒を避けようとする若い世代の志向とあわなくなっている一方で、近年のボランティア活動やＮＰＯ活動の広がりは、自らの必要・要求に根ざした活動に積極的に取り組む層の増加を示している。

この、既存の地縁組織（市町村や町内会など住民の自治単位）と、新たに立ち上がったグループとの関係をどのようにつくっていくかは、地域づくりの今日的な課題の一つである。

町内会を任意加盟にする、あるいは町内会をひとつのＮＰＯにする、様々なボランタリーグループ、活動グループと町内会組織とを横につないだ新たな地域ネットワークをつくるといった試みが、それぞれの地域特性にもよりながら（子育ての協同に重点が置かれる若い地域、介護など高齢者対応に重点が置かれる定住者が多く地域の高齢化が進む地域など）広がっている。

松本市においては、ボランタリーなグループ、各種の住民活動グループがグループとして、あるいは、その構成メンバー一人ひとりが町内会など既存地縁組織に入り（と結び）、福祉の小地域ネットワークを形成

していっている事例が見られる。そしてそれらが、地区、全市的なネットワークともつながって、行政とのパートナーシップにもとづく、地域づくりへの可能性を広げているとみることができるのではないだろうか[4]。

伝統的・地縁組織の弱体化・解体→住民の相互関係の希薄化→サービス受給者化→サービスの協同消費への志向／ボランタリーな活動グループの形成→地域ネットワークの形成（新たな地域社会とその構成単位としての住民の再形成）という、単線的な流れだけでなく、弱体化した伝統的・地縁組織と新たな住民グループの間の交流、両者を含んだ再組織化による、ボランタリーで自立的な住民によって構成される地域共同体が緩やかに形成されていくという、複線的な流れを展望したい。

この展望を現実のものにしていくためには、伝統的・地縁組織が、様々な自主的住民グループに対してその窓口を開くこと、同時に自主的住民グループがいわば専門店的に地縁組織に参与・参画していくことができるようなコーディネートが必要であろう。ここに社会教育・地域福祉などに関わる行政の今日的な役割を見ることができるのではないだろうか。

## 学習による主体形成の過程

本報告は、主体形成を住民による問題解決過程（地域創造活動の過程）に見てきたが、問題解決のためには、その能力を形成・獲得していくための独自の学習活動が欠かせない。そこに社会教育・生涯学習の役割がある。そして上記のように、身近な地域における新たなネットワークづくりという課題に照らしてみたとき、市町村が設置し身近な地域を活動の場とする公民館の役割、社会教育職員、自治体職員の役割も見えてくる。

住民個々の学習要求や、生活の必要にこたえる情報を提供する生涯学習システムと同時に、「地域主義」に立つ社会教育（施設・職員）の今日的役割がそこにある。学習活動による主体形成は、その意味で個と集団の両面において考えられる必要がある。

### 「この指とまれ型」「NPO型」の〝市民活動〟と「地縁型」

松本市の公民館関係者との懇談の際に印象に残った「市民が住民になる」ということばの含意は、ボランタリーな住民グループと伝統的・地縁組織との連携というイメージで一つはとらえることができた。しかしそれにつきるものではない。学習が生存に不可欠な権利であり、生きることにアイデンティティと意味づけを与えるものであること、年齢、社会的につくられた性差、平等、障害、言語、文化、経済的不平等等にまつわる問題を解決して行くことに寄与するものであるといった、生涯学習についての国際的に共有されている理解がある。また、ボランティアグループや、NPOを自ら組織していく市民が、サービスを「住民」に提供するにとどまらず、獲得された力量をもって、より身近な地域組織にかえって、住民の結びつきと連携を形成していく過程に、「新しいタイプの福祉社会」の創生の芽を見ることができるのではないだろうか。この普遍的理念と地域的リアリティを結ぶ理論的構造について、最後に考えておきたい。

### 「市民活動」と「住民活動」の差異とそこにある可能性

まず、「市民活動」と「住民活動」の差異についてであるが、政治思想家ハンナ・アレントの概念を借りていうなら、市民とは、複数性を原理とする「公的領域」の構成単位であり、「住民」とは、合意による共同を原理とする「社会領域」の構成単位とみることができるのではないだろうか。言い換えれば、伝統的・地縁組織は、慣習・前例踏襲という一つの枠組みに住民を囲い込み、ピラミッド型の組織の中で個々人(世帯)が与えられた役割を果たすことをその構成員に要求してきた。それは、個の束縛であり、集団の在り方としては、非民主的でもあり、また前例踏襲という意味で停滞や衰退を生むものでもあった。それに対して市民活動は、価値や目的の多様性を前提とし、その相互承認を集団の原理とする。そのため、旧来の協同や連帯を一時的に弱体化させ、個別分散化を地域にもたらした面は否めない。だからと言ってこれを否定するのでなく、それは複数性を原理とする組織論が未成熟であったことによるものと捉え、単一の価値や基準で統制されるのではない、新たな「公共性」を展望することが現実的であり、かつより重要であると考える。そして、そのような新たな「公共性」の担い手を育てていくためにも、社会教育・生涯学習の地域展開が求められていくのである。

したがって、地域における生涯学習機会の充実や学習成果の活用は、単なるワーカー養成や情報資源の充実にとどまらず、地域組織化の原理、住民の成長原理の新たな展開をも含んだものととらえることが必要である。

行政にあっては、地域づくりにおける一般行政と(社会)教育行政の連携を、住民にあっては、多様でボランタリーな活動、必要・要求に根ざす活動の旺盛な展開、新旧の住民組織の交流、連携(ネットワークづくり)推進を、そしてこの両者をつなぐ、住民と行政のパートナーシップの発展を提言したい。

上記のような報告の内容を現時点で読み返してみると、概念としてその内容が必ずしも明確でないものが散見される。一方、複線的な流れで、地域共同体の再編をとらえるという視点は、のちの松本市における地域づくりシステムにつながる内容を含んでいる。

この報告の後、２０１１年度にかけて地域事例の聞き取りや住民との交流を継続してきた。松本市ではその間、地域づくり活動の進展を踏まえた公民館の在り方の検討や行政の新たなシステム構築に向けた検討が進められてきた。それらの経過をまず追っておこう。

## 2　調査活動期間における松本市の公民館活動の変化

調査活動は、２００１年度から社会教育の学生実習の性格をもったものとして始めたもので、松本市の地区や町会を単位とした住民の学習や地域福祉活動を対象としたものである。中央公民館、地区公民館、地区福祉ひろばの職員や関係住民の協力を得て、活動のヒアリングや集会への参加、住民との交流など多彩な内容を含んでいる（本節末　資料２参照）。

資料２に見られる11年間の流れを振り返ったとき、２００１年度から２００５年度にかけては、「福祉ひろば」と公民館との連携のもとで、身近な地域で住民の福祉活動が展開され、地区から町会へとより身近なところでの住民の活動展開が目指されており、活動の発展・充実時期とみることができる。

２００６年度になると、全国的な自治体再編の展開、市の第８次基本計画、市公民館運営審議会答申との関係などにおいて、「松本らしさ」がその真価を問われ、公民館活動・地域福祉活動が新たな展開方向を探る時期に入ったように感じられる。地区福祉計画の策定にあたって、公民館が事務局的役割を果たすという事例に見られるように、地域づくり、まちづくりとつながった内容が、住民の研修・調査活動の中で占める比重が増していった時期でもある。

また、2007、2008年度は、合併で新たに松本市となった梓川地区、奈川地区を訪ね、合併による変化、「松本らしさ」の新たな地区での展開について学ぶ機会となった。2011年8月の「松本市公民館館長会特別学習会」では、3・11東日本大震災や6・30松本地震の体験なども踏まえ、松本市における地域づくりについて、地域づくりの定義や目的、基本理念、市の将来像などの柱に沿った報告が、市地域づくり課長から行われている（本節末　資料3参照）。

## 3　「松本市公民館研究集会」にみる公民館活動の特長と課題

（第25回松本市公民館研究集会―2009年度―基調講演から）

この研究集会のテーマは、2、3年毎に設定されており、各年度の集会テーマを追うことで時々の課題・変化が見える。テーマごとに、それぞれの概要を見てみよう[5]。

### 住民主体の公民館活動

全体を通して、人にやさしい、暮らしやすい地域づくり（考えようから、創ろうへ）という大きな流れが見える。２００４年19回大会から、「まちづくり」がメインテーマになっている。またこの中では、松本市公民館60周年の記念大会の内容が重要である。そこからは、「50年の活動誌」後の10年をどう総括して、次を展望しているのかということが伺える。

第23回集会の記録集の「あいさつ」『身近な地域からの視点と活動を支える公民館の役割を探ろう』の最後の部分に、次のような記述がある。

「今、公民館は地域づくりの中核として期待され、行政サイドから少しずつ動き始めています。２回目の危機とするか、積極的に地域づくりに関わっていくのか、その分かれ目に立っているといえます。公民館は、住民から地域づくりの要として信頼されているか?公民館の役割をもう一度振り返りながら、日々の訓練をしていきましょう」

第１回目の危機とは、いうまでもなく、市第３次基本計画の「22館構想」に先立つ「コミセンか、身近な公民館か」の選択である。第１の危機については、旧村・小学校区を設置単位とする「22館構想」として結実する結果となった。その選択を可能にした力については、「公民館活動の真髄は、時間はかかっても、粘り強く活動の軌道修正を住民と話しあいながら、住民自治を育む訓練を見守っていくことではないでしょうか」という考え方で、これも先の「あいさつ」で触れられている。

**松本市公民館活動の新たな展開　展望と提案　「松本らしさ」のゆくえ**

「総合的地域づくりの拠点としての公民館」のあり方が、どこまで確かなものになっているかがまず問われる。その上で「生涯学習と福祉は身近な地域から」という合言葉の、空洞化の懸念はないか。「都市内分権等地域コミュニティの再編において公民館本来の役割が不明確になりつつある現在の情勢…学習の自由や地域課題の解決に向けての内発的学習の重要性」（市公運審答申より）という情勢と課題の認識に立った、地区—町会公民館活動の具体的展開方略が求められる。

そのひとつは、「まちづくり委員会」の具体化であり、合わせて「町会公民館実践サポートチーム」による町会公民館活動の質の向上が、当面の活動の相対的重点ではないかと思われる。町会公民館の活動と町会福祉の展開に力を注ぎつつ、今あらためて、地域の課題、暮らしの課題を問う取り組みを進めていくことが重要である。また、暮らしの現実、生活の実感から発想する課題と、行政計画・施策とのつき合わせ・検証をしっかりやっていくことが必要である。

この提案は、集会主催者から「褒めるのではなく、課題を示してほしい」という要望を受けて、調査・交流を踏まえた筆者の考えを60周年記念大会での基調講演の中で示したものである。その後の調査・交流活動も踏まえた筆者の考えについては、京都での研究会での筆者による報告から読み取ることができるので、次のそれを示しておきたい。

## 4 「公的」社会教育のゆくえ〜「新しい公共」と地域の再編

松本市における調査・交流活動を踏まえた提言（2010「京都生涯学習研究会」での報告より）

まず、伝統的な地縁組織も含め、身近な地域社会における住民相互の関係を強化・再構築していくことを、現代的課題と考えている。その際、市民社会における各種のアソシエーション（ボランティアグループ、NPOなど）の役割も積極的に位置づけて考えていきたい。その場合も各種組織・団体が、地域的な基盤・つながりを持つことの重要性を銘記しておきたい。

次に住民の地域活動の出発点は、住民自身の気づき、意識化であり、それは交流（楽しさの共有）を通じて培われていく住民相互の共感、親近感をエネルギーに、さらには、信頼感・規範に基づくつながり（ソーシャルキャピタル）として醸成されていくという点を押さえておきたい。そのプロセスには、調査学習から課題発見、課題解決への行動、計画作りへと発展していく地域創造活動の一連の段階を見ることができる。それは学習活動と実践（地域活動）が、独自の追求もなされつつ、ひとつによりあわされていく過程でもある。そうした過程を自覚的に追及していく継続的主体として、公務労働としての社会教育職員の役割を見ていきたい。

このような基本的発想は、松本市を含む、長野県松川町・飯田市・京丹後市などでの研究調査といういわば体験的学びから〝醸成〟されたものであり、理論的検証は未だ不十分なものである。これらの経験から徐々に確信となりつつある発想にあるのは、地縁的組織、顔の見える関係、身近な地域社会における協同といった視点の現代的重要性であり、学習活動を独自に、意識的に追求する公民館を中心とした学びの意義である。

ここでこのような住民による地域活動、学びの背景として、客観情勢と社会教育の課題を見ておきたい。

少子・高齢化の進行と、国・地方の財政悪化を背景に、社会福祉の「構造改革」のもとで住民の相互扶助活動の価値が、いわば消極的な評価として見直されてきている経過がある。「地方分権」の掛け声のもと市町村合併が進み、自治体規模が大きくなることに伴い住民自治に求められる内容が増大することになる。並行して、自治の担い手としての住民の主体的力量を形成するための学習の重要性も増す。学習の対象となる分野・課題は、産業振興、環境保全、暮らしの安全など多岐にわたる。そのような状況の下で、住民の地域活動の基礎となる学習を組織していく場面に、公設公民館の専任主事、あるいは教育委員会の社会教育担当者（社会教育主事）の役割がある。

さらに、このような住民の学習への社会的ニーズの変化と合わせて、「公民館・社会教育のいま」を規定する社会構造の変化をみることができる。財政的観点からの自治体行政改革によって、社会教育・公民館活動への公的助成の縮小、図書館など社会教育施設、社会福祉施設での指定管理者制度のひろがりなど、民営化、効率化の流れが顕在化している。それらは、いわゆる社会福祉の基礎構造改革（1999年4月　社会福祉事業法等改正大綱、2006年5月「社会保障のあり方について」）の過程と並行しており、「自助」を基本として、生活のリスクを分散する「共助」（保険）が補完し、公的扶助や社会福祉などを「公助」として後景に位置づける公助縮小の動向も反映している。

「地方分権」政策の進展については、地方分権一括法1999、行政改革大綱2000　に基づき、自治体数1，000を目標とする大規模な合併推進政策が強力に進められた。

こうした流れと並行してNPO活動の発展がみられる。1998年に制定された特定非営利活動促進法のもとで急速に登録NPO法人が増加してきており、そこに占める社会福祉、社会教育団体は大きな割合となっている。

ここで、松本市を含め事例・経験に学ぶところをあらためて整理しておきたい。

長野県松本市でも、地区館・町会館を基本とする公民館体制と、今日的な自治体経営論とのせめぎあいが見られた。かつての「22館構想」がもった意味は、地域密着小規模活動の可能性の位置づけにあった。地区福祉ひろばは、「自助、共助、公助」論に照らせば、共助の担い手として期待される仕組み・活動であった。そこでは、「特別でない福祉」「住民相互の支えあい・つながり」がキーワードとして関係住民に共有されていた。活動の具体的中身としては、「町内公民館実践サポートチーム〜新しい公共の創造〜」と題して、防災と福祉のまちづくりなど「地域づくり推進事業」の展開とともに、地域における行政の部局横断的関係づくりも行われた。公民館には教育機関としてのみならず、総合的地域づくりの拠点としての期待がよせられ、総合化と学習・教育施設・機関としての自律性、独立性が問われることとなった[6]。

以上を踏まえて、「公的」社会教育の今日的役割(意義)についてまとめておこう。

重要なことは、地域課題・生活課題をとらえた地域計画づくりへの貢献、行政と住民との言葉の本来の意味での〝協働〟関係を構築していく役割、学習主体・活動主体を育てる専門職の役割などである。筆者も事業の基礎となる調査やその評価などに参加した京都府与謝野町における取り組みでは、合併後の公民館活動の重点を地区館の活動の活性化におき、地区の活動とつながりながら、住民のニーズ・要望に応えつつ地域課題・生活課題への取り組みへとつなぐ方向が目指された[7]。

## 5　地域自治組織の新しいかたち

### ―「福祉社会フォーラム２０２１」（京都府立大学）での報告から

松本市における地域自治組織の新しい形を目指す取り組みは、歴史的蓄積が豊富な公民館体制を基盤に、従来の市役所支所出張所、住民の福祉活動拠点を統合した「地域づくりセンター」と、「緩やかな協議体」という、町内会など地縁団体とＮＰＯなど有志団体（志縁団体）をつなぐ仕組みから構成されるシステムとしたところが鍵である。「地区」（公設公民館、福祉ひろばの設置単位、昭和の合併前の旧村、おおむね小学校区に対応している）ごとに設置された「地域づくりセンター」は、３つの施設・機関が一体となって住民との協働によって地域課題に横断的に取り組む拠点でもある。

図２－２－２～２－４にもあるように、このシステムの特徴は「緩やかな協議体」にある。町会、町内公民館といった地縁組織・施設、農協、商工団体のような協同組合的組織、ＮＰＯ・ボランティアなどの有志組織など、多様な団体・組織・個人の、文字通り「緩やかな協議体」を公的な「地域づくりシステム」として結びつけたという意味では、鈴木敏正の言うアソシエーションの一つの形といえる。

このシステムは、小地域に拠点を置く公民館や福祉ひろばを中心に、住民の地域活動・学習活動の活性化を図り、自治の内実の豊富化を図ってきた松本市の歩みを、近年の地方自治改革の流れ（経営的観点の重視など）との関係も考慮して構想されたもので、住民に近い行政職員と住民との協働が生み出したものであり、下からの改革のモデルともいえるものである。少子高齢化や自治体財政のひっ迫、地域の担い手不足など課題とするところも多いが、その目指す方向性は確かなものがある。

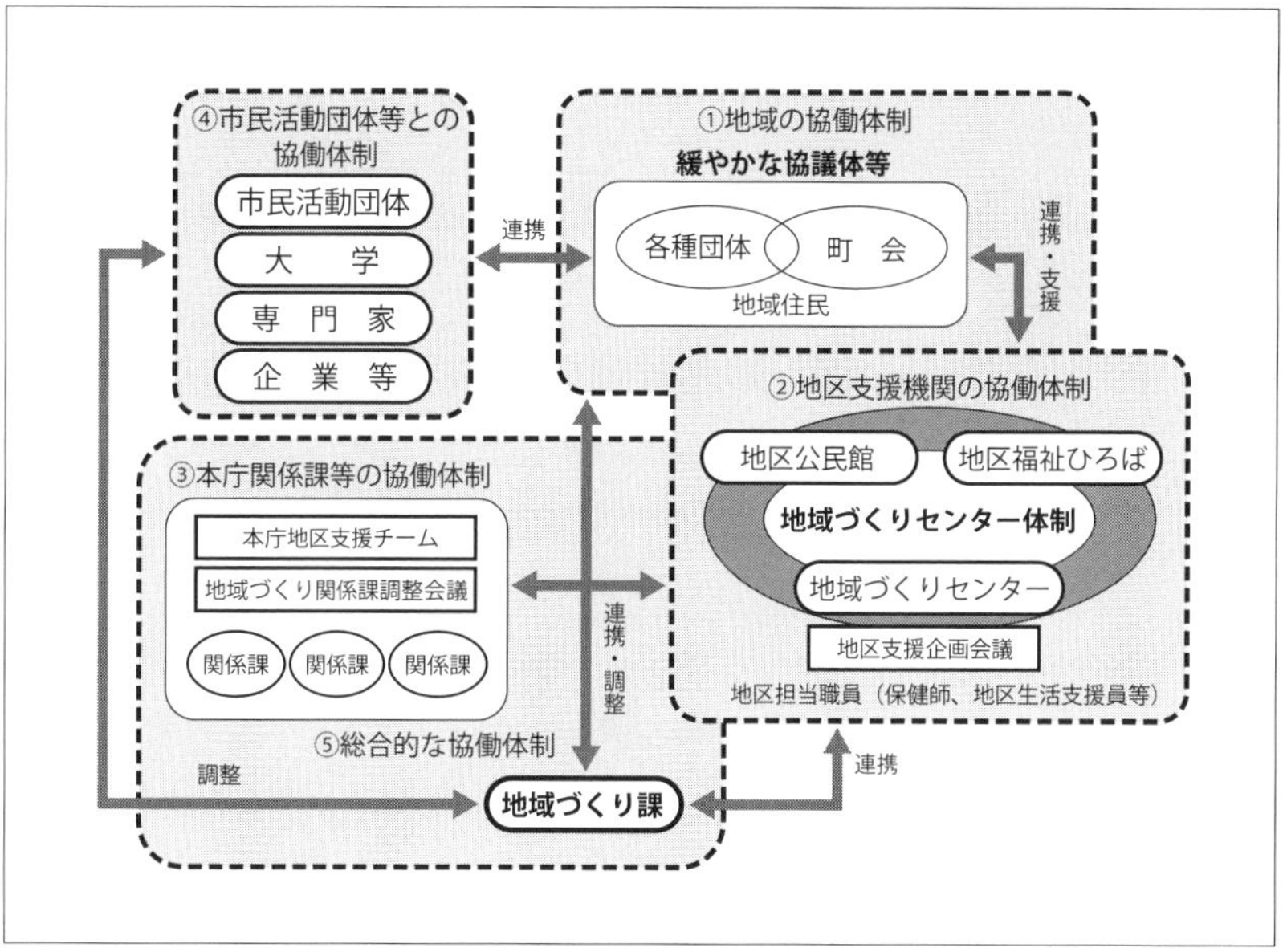


図 2-2　地域づくり全体図（出典：松本市ホームページ https://www.city.matsumoto.nagano.jp/soshiki/49/3556.html）

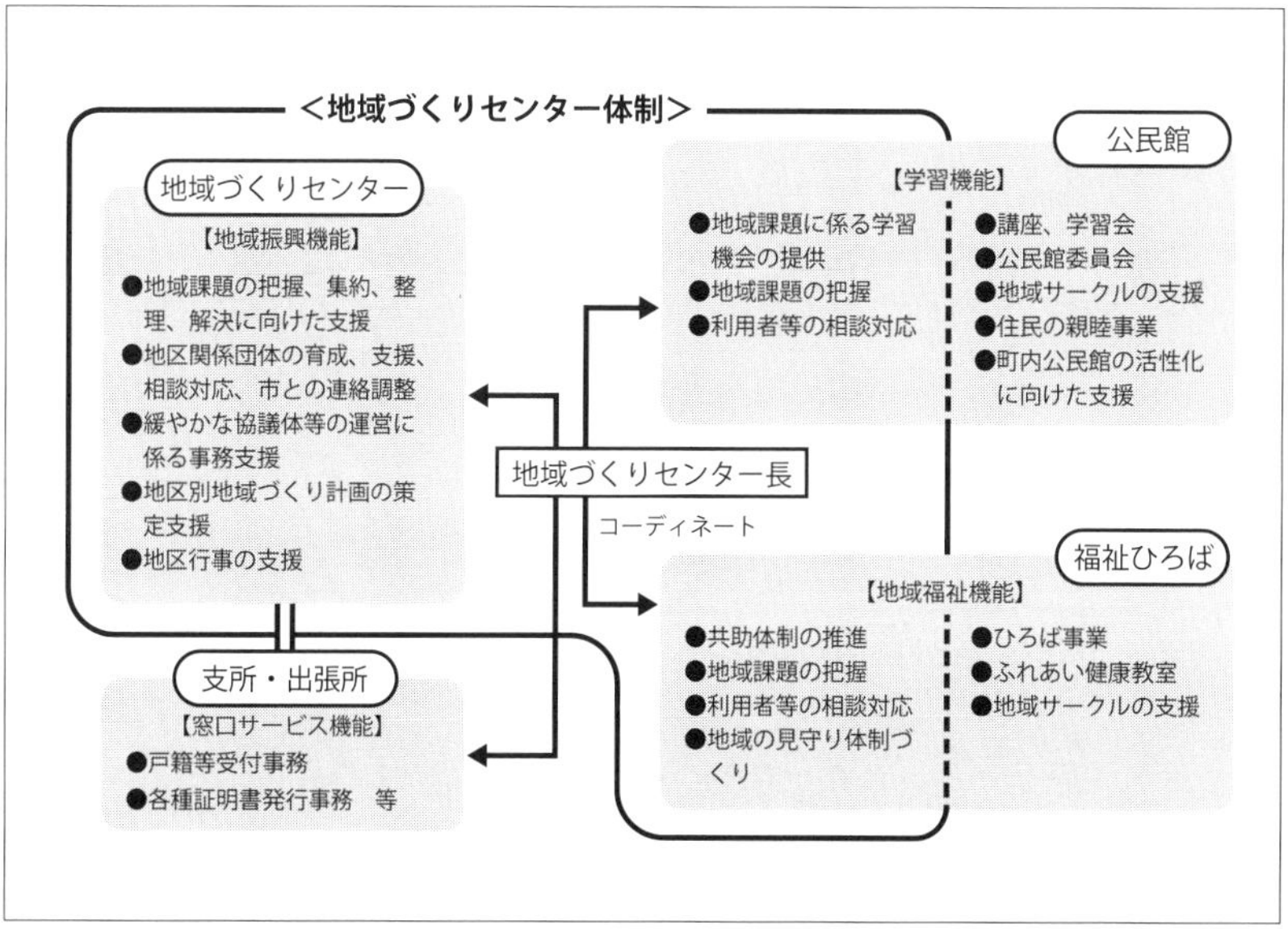


図 2-3　地域づくりセンター体制図（出典：松本市ホームページ　https://www.city.matsumoto.nagano.jp/soshiki/49/3556.html）

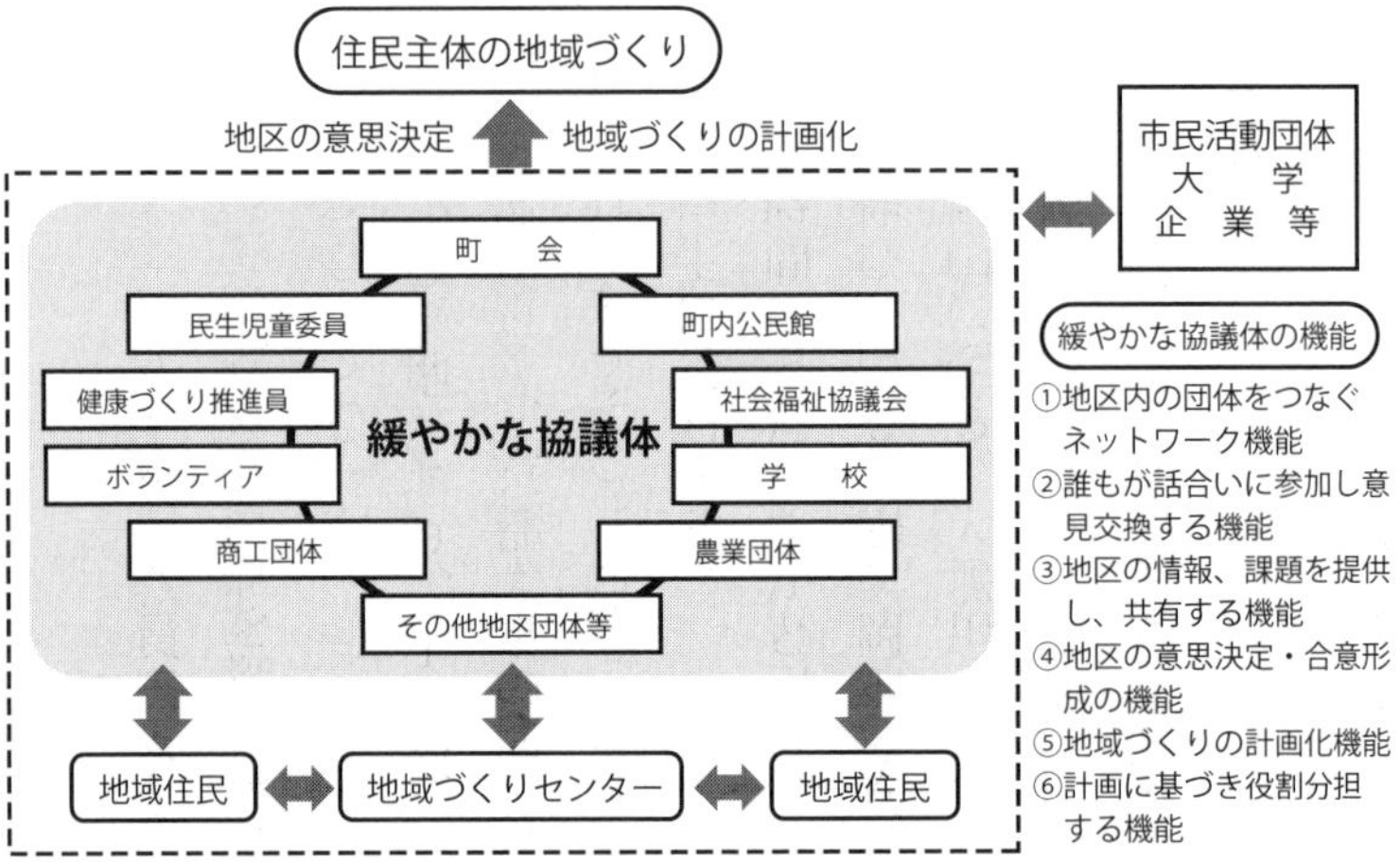


図 2-4　住民主体の地域づくり図（出典：松本市ホームページ　https://www.city.matsumoto.nagano.jp/soshiki/49/3556.html）

1　松本市が研究対象地域となったのは、第8回「現代生涯学習セミナー」（1996年3月）における市の公民館・地域福祉活動関係者10名の報告（「～身近な地域からの視点と発想～松本らしさの実践報告」）がきっかけとなっている。その際、「松本の実践を先進事例としてみるよりも、課題・方向性を示してほしい」という意向が示されており、報告者には不満の残るものであった。

2　2002年3月2日　京都府立大学福祉社会学部主催

3　武川正吾『福祉社会の社会政策』1999 法律文化社

4　報告で紹介した事例は、松本市白板地区の蟻ケ崎西町会における「地縁大家族」と銘打った活動で、町内の女性数人が市のボランティア講座に参加したことをきっかけに、主に高齢者福祉に関わるボランティアグループを作って活動し始めたことに端を発するものである。松本市では、慣例的に町内会を「町会」と呼ぶことが多く、本稿でも文脈によりこの呼称を用いているところがある。

5　その前年の2007年度は、松本市市制100周年・公民館60周年の記念の年にあたり、市公民館研究集会も二日間にわたる特別企画としてもたれ、シンポジウムでの基調講演や分科会運営に参加し、特に、自治体再編政策のもとでの公民館、社会教育の在り方について考える貴重な機会を得た。

6　「新しい公共」という言葉が見られるが、文脈から明確なように、ここでの「新しい公共」は、ＮＰＭにみられる「民間活力」の利活用をいうのではないが、「公」の縮小につながることへの警戒は必要である。

7　地区公民館活動推進事業で「住民にとってもっとも身近な社会教育施設である地区公民館を会場にして、地区住民のために必要な学習講座を開設し、生涯学習がより地区住民に親しまれ、地区公民館活動がよりいっそう充実することを目的とします」とされていた。

8　地域づくりシステムの検討は、２０００年代後半に始まり（２００６年に「松本市第8次基本計画」で34地区34館構想が策定され、地区公民館と地区福祉ひろばがコミュニティ施設として位置付けられ、公民館運営審議会が「総合的な地域づくりの拠点としての公民館」を答申し、都市内分権に向けた地域づくり支援モデル事業が安原、本郷、吉川地区でスタート）、２００8年のモデル地区事業（城北、松原、安原の3地区）、２０１２年3月「松本市地域づくり実行計画」策定等を経て、２０１４年から全地区に「地域づくりセンター」が設置されるという経過をたどっている。身近な地区における公民館活動をベースにした松本ならではの地域づくりを目指して時間をかけた検討・準備がなされたことがうかがえる。「緩やかな協議体」というユニークな組織はそうした過程で考案されたかたちと思われる。「緩やかな協議体」のもっとも早い例は２０１０年の「和田地区地域づくり協議会」。

9　この年度は、およそ10年ぶりに松川町を訪ね、健康学習のその後の活動展開、町福祉事業の状況の聞き取りなどを行った。保健師など担当町職員の世代交代がありつつも、活動が活発に継続されていることを確認できた。

10　チームは、町内公民館長経験者を中心とする地域活動実践者19名（２００9年現在）で構成し、町内公民館長の相談対応や地域課題研究、スタッフ研修会などを実施している。

11　「まちづくり」は、松本市全体としての性格をもち、地域を限定しない「地域づくり」「工芸のまちづくり」「防災と福祉のまちづくり」「歴史のまちづくり」など。「地域づくり」は、「○○地区の地域づくり」、あるいは各地域の取り組みの総体としての「松本市の地域づくり」という用い方をすると、報告での定義が明示されている。

## 資料1　松本市における地域づくりと公民館活動（社会教育）の歴史―福祉ひろば開設まで

**松本市概要**

２００５年に４村、２０１２年に１町を合併し、現在人口約24万人で、第11次総合計画では、目標人口を現状の維持レベル「定常化」に設定し、従来の「健康寿命延伸都市」から「豊かさと幸せに挑み続ける三ガク都」「松本らしさのシンカ」を目指す都市像としている。

**歴史**

**・公民館活動**（「22館構想」、「生涯学習計画」、その後）

１９８１年　市第三次基本計画のもと、住民に身近な「22館構想」を策定し、２００３年度には29館体制となっている。

１９９４年　「松本市生涯学習基本構想」策定

**・福祉ひろば**

町会福祉の推進、地域ケアシステムの構築を目指して構想された

１９９３．３　松本市老人保健福祉計画で29地区福祉拠点（地区福祉ひろば）づくりを計画化

２００３年度　29か所拠点づくり完成

＊４村１町合併後の現在は、地区公民館35、福祉ひろば36（本郷のみ2）

**資料2　訪問地区・町会と活動の特徴（10地区・4町会公民館、2地区福祉ひろば）**

（以下の経過資料（表2－1）は、2009年度松本市公民館研究集会での基調提案にあたって作成したものに加筆）[5]

| 年次 | 地区・町会・その他訪問先 | テーマ | 活動のキーワード・特徴など |
|---|---|---|---|
| 2001 | 本郷地区福祉ひろば | 地区福祉ひろばの活動 | ・「ひろば」の成立経緯・活動概要（視覚障害者からのSOS、認知症高齢者の対応、元気な高齢者―サークル、男の健康教室）<br>・存在意義（町会福祉の必要性の理解、住民自身による活動の必要性の理解）<br>・町会福祉の実践（横田配食サービス） |
| | 蟻ケ崎西町会公民館 | 町会公民館を拠点とした町会福祉活動 | ・地縁大家族社会づくり「福祉のまちづくり宣言」<br>・公助・共助・自助のバランス　保健・医療・福祉の連携　女性の活動の歴史―福祉ボランティア「蟻の会」の活動） |

| | | | |
|---|---|---|---|
| | 大庭町会公民館 | 町会公民館活動 | 「かぶらの会」（町会から独立した、学習・親睦グループ　高齢者相互の支え合いや環境問題をテーマに地域内の繋がり・ネットワークづくり） |
| | 安原地区公民館 | 子どもの活動（縄文探検隊） | 縄文人の生活体験（季節を追いながら、火おこし、農作業、石器づくりなど多彩な活動を継続的に開催） |
| | 清水学童保育所 | 子育て支援 | |
| 2002（卒業研究ヒアリング） | 蟻ケ崎西町会公民館 | 町会福祉 | 「住民による主体的な地域福祉活動について必要な条件」をテーマとしたゼミ学生の卒業研究の一環として、町会福祉活動展開の土壌としての自治意識や、中心人物の活動の歴史など詳細なヒアリング |
| | 大庭町会公民館 | 町会福祉・地域づくり | 「住民による自発的・継続的地域活動の原動力」（小地域福祉活動の原動力）をテーマにしたゼミ学生の卒業研究を報告 |
| | 田川地区福祉ひろば | 小地域福祉 | 住民主体の小地域福祉活動 |

| | | | |
|---|---|---|---|
| | 清水学童保育所 | 放課後生活づくり・父母集団づくり | 「学童保育が地域の教育力に果たす役割」（親たちのつながり） |
| 2003 | 中央公民館 | 町会福祉 | 「地区福祉ひろばと町会福祉」（市福祉計画課職員レクチャー） |
| | 庄内地区神田町会 | 町会公民館の活動 | 「安心ネットワークホタルの会」など、町会内ボランティアグループの活動 |
| | 安原地区公民館 | 「住民主体の地域づくり」 | ・縄文探検隊　8月の活動（竹箸・カップをつくって流しソーメン）に参加<br>・地区福祉ひろばの活動について、市健康福祉計画課職員、中央・地区公民館主事、ひろばコーディネーターから聞き取り |
| 2004 | 新村地区公民館<br>松本大学 | ・町会公民館活性化事業<br>・公民館活動を中心とした地区住民の学習・まちづくり実践<br>＊大学と地域住民協働 | ・町会公民館活性化事業・公民館活動を中心とした地区住民の学習・まちづくり実践（「ものぐさ大学」）<br>・松本大学との交流（住民とのつながりづくり、アウトキャンパス、サポーター制度、コミュニティビジネス） |

| | | | |
|---|---|---|---|
| | 蟻ケ崎西町会公民館 | 福祉を中心とした町会活動 | 町会デイ・ケア「A・Iぶんぶん」と交流拠点づくり、福祉を中心とした町会活動 |
| | 中央公民館 | 「福祉ひろばの現状と課題」 | 公民館主事によるレクチャー：歴史的背景・福祉ひろばのこれから~10年を振り返り、ユニバーサル福祉ひろばを展望する |
| | | 子どもの活動 | 卒業研究との関連で、町内公民館館長会会長から町内公民館の活動、中央公民館担当主事から、子どもの活動についてヒアリング |
| 2005 | 本郷地区公民館 | 「公民館を語る会」(語る会から実践へ) | ・視覚障害者と福祉ひろば<br>・地域に根ざしたNPO活動(「りらの会」)<br>・町会活動(原町・水汲) |
| | 城北地区公民館 | 町会活動・ひろば福祉活動 | 公民館・子ども会・町会　徒士町町会：七夕祭り　全員の顔が見える行事　城北地区福祉ひろばの活動(QOLを高める取り組み) |
| 2006 | 中央公民館 | ・公民館の在り方<br>・地域づくり推進システム[8] | 「松本市公民館運営審議会答申」をめぐって(委員からの報告)<br>＊「地域づくり推進システム」(地域防災・地区福祉計画)について<br>＊資料紹介：町内横断組織・防災・福祉計画モデル事業(06年度：安原・芳川・四賀) |

| | | | |
|---|---|---|---|
| | 安原地区公民館 | 地区福祉計画策定 | 地域フォーラム：地区福祉計画をめぐって（シンポジウム） |
| 2007 9 | 中央公民館 | 公民館制度 | 近年の動向―公民館委員制度の見直し、公民館事業評価、町内公民館の動向 |
| | 北部地区公民館 | 地区館活動 | 「待つ」から「出向く」へ（町内公民館での出前講座、「街角コンサート」のとりくみ |
| | 安原地区公民館 | 「防災と福祉のまちづくり」 | （地区福祉計画・まちづくり協議会、都市型公民館、都市内分権なども話題に） |
| | 梓川地区公民館 | 合併による変化、その後の取り組み | 合併にあたっての取り組み、合併後の変化 |
| 2008 | 中央公民館 | ・若者の活動・住民参加イベント<br>・地域づくりシステム | ・「ゆめ実験室」：若者の活動の場を公民館に（集う・つながる・結ぶ）<br>・「ドリーム庄内〝秋の集い〟」豊かな地域づくりを求めて、住民の多様な参加で文化祭をつくる<br>・「制度検討委員会」（2008.9）の報告：市公運審「意見書」（市行政制度の改編に伴う問題・地域課題に公民館が取り組む基本的視点・主事のあり方、他に、5部門委員会の見直し）<br>・「地域づくり委員会」の設置提言　2008.8 |

| | | | |
|---|---|---|---|
| | 芳川地区公民館 | 「防災と福祉のまちづくり」 | 講座と町会ごとの話し合いの積み重ねから実践へ、大規模地区における住民のつながり作りに公民館としてどう取り組むか |
| | 奈川地区公民館 | 中山間地活動<br>合併に伴う課題 | 合併に伴う変化・課題（活動財源の問題、地場産業の振興・特産品、語り部活動） |
| 2009 | 中央公民館 | 地域づくりモデル | ・「ゆめ実験室」（2年目の活動・担当者の交代）<br>・「町内公民館実践サポートチーム」の活動（活動の質的向上を目指して、モデル町会事業、地域課題研究部会～実態を踏まえて、「新しい公共性」の模索）[10] |
| | 中山地区公民館 | 地域課題 | 蕎麦づくりを通した、地域の元気づくり（耕作放棄地の問題） |
| | 和田地区公民館 | ・地縁団体との関係<br>・地域生活の変化と活動 | ・育児支援事業（「めだかの会」）<br>・町内公民館活動（自治会との関係、住民の生活様式、意識の変化～昔ながらの活動のかたちとつながりの弱まり） |

| | | | |
|---|---|---|---|
| 2010 | 田川地区（巾上西町会） | ・町会公民館活動<br>・地域開発と町会活動 | ・駅前再開発と住民の生活づくり<br>松本大学とも協力して、福祉・景観・コミュニティを柱に、まちづくりを考える方向性を打ち出す。町会長宅のガレージスペースを改装して蕎麦店を開業。スタッフは町内住民中心に、地元住民が利用しやすく、交流の拠点づくりを目指す。 |
| | 庄内地区公民館 | 楽しい活動・参加拡大　既存地域活動の見直し | ・中年男性の活動グループ　多彩な住民活動の展開<br>・島立地区　体育協会・松本電鉄上高地線の存続運動 |
| 2011 | 波田地区公民館 | 合併による変化、その後の取り組み | ・合併後の新たな体制づくり　地域資源・文化財などを素材とした学習 |
| | 寿台公民館 | 新興地域における住民活動 | 新興住宅地における「ふるさと」づくり（太鼓・平和学習・地域の変貌と課題） |
| | 第一地区公民館 | 伝統地域行事 | 「青山様」「ぼんぼん」 |
| | 中央公民館 | 松本らしい地域づくり | 公民館館長会特別学習会参加 |

## 資料3　「松本市公民館間町会特別学習会」（2018．8）松本市地域づくり課長報告要項

・地域づくりとは：「生き生きと暮らし続けることが可能で、住んで良かったと実感できる地域コミュニティの構築を目指し、お互い様の精神を基本として地域課題の共有化を図り、課題の解決に向けて、住民自身が主体となって考え、行動すること」[11]

・なぜ、地域づくりか？（目的）

（1）増大し複雑化する地域課題を解決するため
（2）地域への参加と新たなネットワークを構築するため
（3）地域づくりの担い手を育成するため
（4）熟議と合意形成の仕組みを再構築するため
（5）地域で支え合う仕組みを構築・強化するため
（6）地域の重要事項や文化を受け継ぎ、地域づくりの計画化を図るため

・地域づくりの基本理念

（1）実績を踏まえて、地域力、市民力を引き出す「松本らしい地域づくり」を推進
（2）「地区」を基本単位として、各地区の特色を活かした地域づくり
（3）既存の自治の仕組みを最大限に活用する
（4）「緩やかな協議体」の設置等により、地域づくりへの住民参加を増大、新たなネットワークづくりを基本とする「地域システム」の構築を進めていく

（5）支所・出張所・公民館・地区福祉ひろばが連携し、地域づくりの核となって、地域振興、学習、地域福祉の3つの機能をさらに充実させた新たな「行政システム」を構築していく

（6）地域の状況に応じて、地域のペースで推進していく

・未来都市像「健康寿命延伸都市・松本」の位置づけ

（1）「健康寿命延伸都市・松本」の理念　市民自らが健康づくりの主役となって、質の高い豊かな人生の構築に向け…

（2）健康とは　社会的健康を位置づけ

（3）健康寿命とは　健康で自立して暮らすことのできる期間（平均寿命から要介護等の期間を除いた期間）

（4）取り組みの方向…すべての部署でということ

・20〜30年後の将来を見据えたまちづくり

（1）「超少子高齢型人口減少社会」の未来

（2）「車優先社会」の未来

・松本市における地域づくりの歩み

（1）1970年代　公民館の改革…公民館づくり運動　74年から77年にかけての「研究委員会」の協議を経て、現在に通じる「松本スタイル」を確立

（2）1990年代　地区福祉ひろばの設置　「共助のひろば」構想の実現

（3）2010年代　地域づくり課の設置、支所・出張所の改革？

・地域づくり課の主な取り組み(方向性)

(1)地域づくりの実態把握

(2)新たな地域づくりシステムの研究・構築

(3)モデル事業の取り組み

(4)地区別「地域創造計画(仮)」の策定支援

(5)「地域づくり委員会」による研究・協議

(6)地域づくり市民集会の開催

(7)地域づくり学習の推進・職員研修の実施

## 第二節　地方自治体における近年の事業展開の特徴と課題―松本の事例から

### 1　2010年代以降の国の地方創生政策の展開と松本市における取組み

地方自治体における地域づくりに関わる国の政策の基本となるのは、いわゆる地方分権改革と「まち・ひと・しごと創生」に関連する諸事業である。分権改革は、第一次（1993～98）、第二次（2006～）にわたる。第一次改革では、機関委任事務制度の廃止と事務の再構成、国の関与の新しいルールの策定、国から地方へ、都道府県から市町村への権限移譲、条例による事務処理特例措置の創設を主な内容としており、第二次改革では、地方に対する規制緩和（義務付け・枠付の見直しなど）、国から地方への事務・権限のさらなる移譲、都道府県から市町村への事務・権限の移譲などが引き続き進められてきている。2014年には、「地方分権改革の総括と展望」の取りまとめが行われ、これを踏まえて2014年末に「まち・ひと・しごと創生『長期ビジョン』と『総合戦略』」が策定され、2014～2019年の5か年計画が進められている。2020年7月には、第二期計画（同年末に改訂版）が、新型コロナウィルス感染症の発生を踏まえて策定されている。

第一次改革を受けて1999年から平成の大合併が始まり、松本市においても1999年4月に四賀村・安曇村・奈川村・梓川村との、特例法の期限である2010年に波田町との合併が行われている。

既述のように、今日の「地域づくりシステム」につながる松本市における独自の地域づくりの取り組みの展開は、2014年のシステム全地区設置に先立つ約10年の準備期間を経ており、上記のような国の政策展開も背景として進められてきたことがわかる。「まち・ひと・しごと創生」事業のスタートは、第一期が

２０１５〜２０１９年であるので、この事業の開始を待たずに、松本市にあっては新しいシステムでの地域づくりが始まっていたのであり、かつ、そこでは「松本らしさ」が強調され、身近な地域における「共助」が重視されている。「まち・ひと・しごと創生」の国の総合戦略における主な施策と付き合わせる形で検討することによって、松本市における取組みの先進性や他自治体との違い、国の主な施策との関連などについて、次に見ておきたい。

## 松本の特徴　松本から何を学ぶか、松本の課題
## 〜地方自治体における近年の事業展開の特徴と課題を視野に〜

現時点では、第2期「まち・ひと・しごと創生」総合戦略が終了し、次のステージにあるわけであるが、ここではひとまず第二期戦略に先立つ「地方分権改革の総括と展望　２０１４」の内容を参照しておこう。

「今後の展望〜新しいステージの改革の取組〜」では、「今後地方に期待すること」として、1．改革成果の住民への還元（・地域課題の解決に向け独自の工夫を凝らし、地域を元気にする・住民のわかりやすい情報発信に努力）、2．住民自治の拡充（政策形成過程への参画、協働の推進、地方議会の機能発揮）、3．改革提案機能の充実（・専門性を有する人材の育成、政策法務の強化・地方六団体の機能強化）が示されている[1]。この方向の線上に「まち・ひと・しごと創生総合戦略」が位置するわけであるが、「ヒューマン、デジタル、グリーン」、すなわち、地方への人の流れの創出・人材支援や、ＤＸ（デジタルトランスフォーメーション）、地方がけん引する脱炭素の取組みという3つの視点のもと、重点はＤＸによる地域課題の解決、「誰もが活

躍する地域社会の推進」という名の多様な人材活用に置かれており、「人が集う、安心して暮らすことができる魅力的な地域をつくる」として、地域資源を活用した街の機能充実が謳われている。これをいかに具体化するかが、それぞれの自治体に問われているのである。

自治体の中・長期の総合計画において、例えば、「目指すべき自治体像」としては、例えば「安心・安全に住み続けられるまち」「子育て・子育ち支援が充実したまち」「誰もが生き生きと暮らせるまち」「地域経済が活発なまち」「伝統と歴史が輝くまち」（宇治市第六次計画）といったように、まちづくりの方向性が示され、それに、重点施策として、コロナ対策、子育て支援、産業振興などが横断的に示される形などが見られる。

松本市の場合も、重点戦略が、①ゼロカーボン ②DX・デジタル化として示され、教育、福祉、環境などの分野が置かれているという構造であり、上記の国の地方政策の重点が戦略的に受け止められている点は、他の多くの自治体と共通する傾向を見ることができる。デジタル化に関連しては、国の「スーパーシティ構想」への応募による事業も行われている。しかし、「三ガク都に象徴される松本らしさを『シンカ』（進化・深化）させる」という基本理念の下、「住民自治（共生）」の分野が設定され、住民自治支援の強化、地域福祉活動の推進、地域防災・防犯の推進、働き盛り世代の移住・定住推進、多様な人権・平和の尊重、ジェンダー平等の実現、国際化・多文化共生の推進が包摂されている構造は、学習と協働を軸に取り組まれてきた地域住民による自治の経験を踏まえた独自性のある内容となっている。具体的な事業としても、公民館や地区福祉ひろばの活動、地域づくりセンターなど松本独自の事業が位置付けられている。「ニーズに応じた生涯学習の実現」の項目では、「社会教育施設の効果的な長寿命化を図る」と同時に、「生活・地域課題に根ざした学びあいを通して課題解決につなげる取組を推進、計画的な社会教育施設の整備」も謳われている。

これらは、国の政策がデジタル市場の拡大を意図した産業政策に重点化されているのに比して、当該自治体の個性を活かし、行政と住民、多様な主体の協働によって、国の政策動向も視野に入れつつ、地域課題の解決に取り組んでいこうとする「松本らしさ」というオリジナリティを示していると言えよう。より重要なことは、そのような方向性が、首長や一部の行政幹部によるトップダウンではなく、長年にわたり蓄積されてきた活動・制度に根ざしている点である。「多様な主体による協働」「住民自らが、課題解決に臨む」といった一般的な課題が、松本市の場合は、公民館活動や地域福祉活動、それらと結んだ地域づくり活動の歴史的蓄積の上に位置づいている。このことはすでに詳述したところにも明らかである。

そのうえでさらに課題があるとすれば、そのような方向性の市民への一層の浸透、身近な地域で様々な活動に参加する市民の拡大、総合計画で設定されている分野のすべてで、「住民自治の支援（共生）」で示されているような住民の学習や地域活動を位置づける視点を持って、「松本らしさ」の〝全面展開〟を図ることであろう。

その点で思い出されるのが、市職員のキャリアに公民館活動を位置づけ、市政全体の〝社会教育化〟を標榜していた飯田市におけるその後の展開である。地域自治組織の再編[2]においては、地区公民館や地区ごとの住民の活動を重視する方向が示されていたが、直近の総合計画にあたる「未来デザイン」を見る限りでは、「リニアがもたらす大交流時代に『くらし豊かなまち』をデザインする」というキャッチフレーズに見られるように、リニア新幹線や三遠南信道路など、大型インフラの整備・導入による経済の活性化が強調されている点をどう見るかが検討課題である[3]。

## 2　新たに生まれつつある活動がひらく局面　～将来に向けて～

地域づくりを考えていく場合、国の地方自治制度・政策も踏まえて、地域自治組織の在り方に焦点化する方向と、住民による地域生活の組織的・計画的展開に焦点化する方向の、大きく二つの方向性を見ることができる。前者の場合は、鈴木敏正の言う「公民」として、国家、地方の政治組織にいかに参画していくかという視点となり、後者の場合は、産業や環境、子育てや教育、福祉など、暮らしを支える共同の基盤をいかに構築していくのか、そこに参加していく主体をいかに形成していくのかという、主体形成の筋道が問われることになる。

前者は、地域づくりのアクター（担い手）の育成に関わる社会的構造（関係）をどのように構想するかという問題でもあり、ＮＰＯなど新しい多様な活動主体とその相互関係、組織化の在り方などが問われる。協働の仕組みやコモンの形成なども重要な論点である。多様な主体の協働という政策的方向性はそこに関わってくる。

### 主体としての住民の形成と学習

後者でいう主体は、上記のアクター（活動の担い手）の意味ではない。既定の枠組みや方向性に沿って活動していくだけでなく、現状に変革的にかかわっていく〝主体〟となる過程とその支援という課題がある。そここでの学習過程に含まれるべき諸契機がどのようなものであるのかが具体的には問われる。鈴木敏正の議論でいえば、人格を実体、本質、主体の3つの視点でとらえる際の、主体としての人格の形成に関わる教育学的側面の問題ということにあてはまる。この点は本書の結論に関わる最も重要な論点であるので、次節で鈴木敏正の議論を検討する。

---

1　その他の柱と主な項目は、以下のように示されている。

「改革の使命・目指す姿」（ミッション：個性を活かし自立した地方をつくる　ビジョン：行政の質と効率を上げる　まちの特色と独自性を活かす　地域ぐるみで協働する）「目指すべき方向」1．国と地方の役割分担の見直し　権限移譲　2．地方に対する規制緩和の推進　3．地方税財政の充実強化　4．重要な政策分野（土地利用等）に関する改革　5．改革の成果を実感できる情報発信の展開）「改革のすすめ方」1．提案募集方式の導入（個々の地方公共団体から全国的な制度改正の提案を広く募る方式）　2．手上げ方式の導入（個々の団体の発意に応じ選択的に委譲する方式）　3．政府の推進体制の整備（地方の提案を恒常的に受け止め、スピード感を持って実現を図る体制）　4．効果的な情報発信（SNSの活用、地方の優良事例発信、全国シンポジウムの新規開催など）

2　2007年度から、「自治振興センター」の設置や、地区公民館や支所・出張所などを含む地域自治組織の導入が図られた。当時の状況については、筆者等編『ふつうの村が動くとき』（2009　クリエイツかもがわ）に若干の調査報告がある。

3　長期の総合計画にあたる「未来デザイン」の柱は、次のようになっている。（「いいだ未来デザイン2028」より）1．若者が帰ってこられる産業をつくる　2．飯田市への人の流れをつくる　3．地育力が支える学び合いで、生きる力をもち、心豊かな人材を育む　4．自然と歴史を守りいかし伝え、新たな文化をつくりだす５．若い世代の結婚・出産・子育ての希望をかなえる６．「市民総健康」と「生涯現役」をめざす７．共に支え合い、自ら行動する地域福祉を充実させる８．新時代に向けたこれからの地域経営の仕組みをつくる９．個性を尊重し、多様な価値観を認め合いながら、交流する10．豊かな自然と調和し、低炭素なくらしをおくる11．災害に備え、社会基盤を強化し、防災意識を高める12．リニア時代を支える都市基盤を整備する

この中で、８の内容が、住民自治との関係で重要であるが、次のように説明されている。

〈戦略（考え方）〉〇少子化、高齢化、人口減少が進む中で、すべての地域住民が主体的に活動し、いつまでも地域のくらしと自治を運営していけるように、「新時代の地域経営」の仕組みを構築します。〇地域が内発的に発展することを目的に、地域課題を解決する実行部隊の立ち上げ、運営の支援を行うとともに、多様な主体が連携した仕組みづくりを進めます。

「受け継がれてきた、『飯田の強み』『飯田らしさ』として、学びの土壌」「ムトスの精神」など、住民の学習や身近な地域における住民の自主的な活動の蓄積への言及も見られるが、社会教育や公民館に関わる具体的な取り組みへの言及は見られない。

## 第三節　地域づくり論から描く、将来社会像への道筋

### 1　「松本らしさ」が孕む可能性

前節では、松本市という一地方都市における地域づくり構想の形成と具体化の過程をあとづけてきた。そこには、昭和の合併前の旧村・小学校区を単位にした公民館体制の維持・充実が契機となって、国による「地方分権改革」や「社会福祉基礎構造改革」の波による制約をまぬかれない面を持ちつつも、今日「松本モデル」と呼ばれている独自のかたちを実現してきた過程を見ることができた。１９７０年代に「広域的・多目的」を謳うコミュニティセンター構想に代えて、１９８１年の「22館構想」を結実させた力は、専任化されていた公民館主事集団を中心に、市職員、住民の協働によって培われたものであった。

この70年代の経験（住民、行政職員による長期にわたる議論の積み重ねという点では、学習過程でもある）は、少子高齢化という社会の構造的変化が顕在化し、地方自治政策や社会福祉諸制度の改変が始まる１９９０年代以降も、身近な地域に軸足を据え、行政と住民の協働を進めることで課題を解決していくという「松本らしさ」の展開へとつながった。

「地方分権改革」や「社会福祉基礎構造改革」といった国の大きな制度改変が、介護保険制度や子ども・子育て支援事業など社会保障の新しいかたちを伴って進展しつつも、世界的な政治・経済動向をも背景とした制度的弱点・限界ゆえに、見るべき成果に至らず危機的様相を呈する今日、「松本らしさ」に含まれる諸契機が持つ可能性、「モデル」としての優位性が浮き彫りになっている。

筆者は、将来に向けていま求められている民主主義と主体形成の新たな論理が、松本はじめ、地方都市に

おける独自の取組みに胚胎していると考えている。この論理は、それぞれの地域の条件に応じた展開を図ることで具体化が可能と考えられる。地域の様々な活動を担う住民の協働（アソシエーション）を現代社会の諸矛盾が生み出す「社会的陶冶過程」ととらえる鈴木の「将来社会像」は、社会発展の歴史的法則性と生活主体の形成論理の節合点に、その起点を見出すものと考えられる。

そこで、鈴木が「すでに始まっている未来」と呼んでいる北海道における地域づくり実践を参照した上で、鈴木による、現代社会の重層構造と社会的陶冶過程（社会的協同と学習）の有機的連関という視点の実践的意義を確かめることにしたい。それは、現代日本社会が直面している〝行き詰まり状況〟を打開していく鍵の所在を明らかにすることにつながると思われるからである。

## 2　「すでに始まっている未来」とは？　鈴木敏正による北海道の実践の評価

鈴木は社会的陶冶についての理論的検討を踏まえて、「今日、部分的・小規模で『日常的』とは言えないまでも、物神性をはぎ取られた『理性（合理）的諸関連』(durchsischtig vernünftige Beziehungen) が見られるような『すでに始まっている未来』への多様な実践を見ることができる」「アソシエーションは、単なる将来社会像ではなく、資本の展開が現実的・必然的に生み出すもので、社会的陶冶過程として理解される必要がある」と述べている[1]。この「すでに始まっている未来」の諸実践は『将来社会への学び　3．11後社会教育とESDと「実践の学」』、『「コロナ危機」を乗り越える将来社会論』等の著書で紹介されている北海道の諸実践に見ることができる[2]。以下にそれぞれの概要を示す。

## 北海道社会教育フォーラム（2014より開催）で報告された実践[3]

フォーラムは、3つの分科会（「育ちあう仕組みをつくる」「つながる力を高める」「暮らし続けられる地域づくり」）から構成され、毎回100人あまりの参加者で毎年開催されており、「北海道各地の厳しい社会・経済状況を踏まえつつ、それらがもたらす生活・地域課題に取り組んでいくために、『つながる力』を『地域をつくる力』にしていくことを目指すネットワーク活動であり、総合的な地域集会活動である」とされている。

第1回フォーラムの第3分科会では、「北海道新エネルギー普及協会」「ワーカーズコープ恵庭地域福祉事業所」「北海道自由学園」の報告があり、「いずれも持続可能な地域づくりを目指すNPOの活動であり、そこに含まれている学習活動はむしろ将来社会への社会的協同実践に伴うものとして、今日ますます重要となる社会教育実践領域として位置付けられるべきものである」とされている。

第2回フォーラムでは、「より地域の実践に即して持続可能な社会づくりを目指す、『かたくりの里とうべつ』と『いぶり自然学校』の実践」が報告されている。前者は、「菜園付きエコアパート」のことで、アパートづくりを通して、「持続可能で包容的な地域づくり」に貢献しようとするものである。野菜作りの学び合い、家族の触れ合い、収穫物の相互贈与、共用畑での野菜・ハーブづくり、味噌づくりの協同加工などによって、「人をつなぐ菜園」の機能を重視しているという。これらすべてが社会教育活動だといってよいであろうと鈴木はいう。

後者は、小学生対象の自然体験活動・アフタースクール、幼稚園での保育活動、自然・文化・地域産業を活かした幼児から大人までの体験活動の企画・実施を内容としている。そのなかには、「幼稚園児が薪づくりの仕事をし、その薪を市内の銭湯に持っていき、無料のお風呂チケットをもらい、親子で汗を流す」といった活動が含まれているが、「単なる自然体験ではなく、木質バイオマスを生みだす『仕事』をして『収入』を得、そこが母親たちの『居場所』となる」ということを重視しているという。

そしてこのような活動において重要なことは、活動の後の「踏み込み」で、「活動の反省、そこから生まれた課題・アイディアから、次の実践を企画提案する」という流れであり、そこから社会教育の面白さ・大切さへの気づきも生まれてくるという主催者の言葉が紹介されている。

このような実践は、自然環境学習から自然再生（エネルギー再生を含む）学習を経て、地域環境づくり教育への流れに位置づけられ、二つの実践においては、社会教育実践の視点が不可欠であったとし、分科会のまとめでは、「自然エネルギーについても、単に消費者としてではなく、生活の中で自分たちで創造して地域のエネルギー管理主体になる、そうした視点でコミュニティづくりを考える必要があることも提起された」と紹介されている。

これらの事例は、地球環境の危機の時代において、持続可能な地域づくりを目指す取り組みであることから、将来社会へ向け「すでに始まっている未来」とみることができるというのである。

これは一例に過ぎないが、筆者自身の経験とも重なる。「計画づくりにこだわらず、1回ごとの活動を振り返る中で、次のメニューを考える」「講演後に必ず小グループでの感想交流が織り込まれている」「集会活動の後、まとめの集会を開く」等、様々な活動において「振り返り」が大切にされていた松本市や松川町で触れた実践があり、筆者自身も、フィールドワークの後の「振り返り」を学生のゼミの活動の大きな柱としていた。

このような「すでに始まっている未来」としての実践を踏まえて、鈴木は次のような理論的提起を行っている。

まず総論的な提起として、質的に異なる協同活動の連携が提起されている。

現代民主主義の課題については…日本国憲法で規定されている（平和的）生存権・教育権・労働権だけでなく、「地方自治」権を今日的な参画＝自治権として発展させることも、民主主義の豊富化にとって重要である[4]。

このこと（日本における協同組合活動の近年―1990年代以降―の経過）をふまえて地域再生の今日的在り方を考えるならば、質的に異なる協同活動の積極的連携、とくに諸個人の自由意志にもとづく連帯としての「協同」、地縁（ないし血縁）にもとづく「共同」、そして該当課題にかかわるステークホルダーの「協働」などが響きあい、相互豊穣的に発展していくような関係づくり、すなわち「協同・共同・協働の響同」関係の形成が求められている[5]

グローカルな視点に立った生涯学習政策はますます重要になり「生涯学習社会」づくりに向けた条件整備と地域住民の自己教育活動の発展のための「環境醸成」（社会教育法第3条）をより意識的・計画的に

拡充することが求められている[6]

次いで、「近未来への将来社会論」[7]としての提起がある。

グローカルな環境問題（自然―人間関係）と、格差・貧困・社会的排除問題（人間―人間関係）を解決しようとする諸実践という課題に、「人間の自己関係」としての教育の視点から取り組む実践、特に、「持続可能で包容的な地域づくり教育 Education for Sustainable and Inclusive Communities」の実践の分析を通して、「持続可能で包容的な社会」を近未来社会像として考えてきた…これを将来社会論として本格的に展開していくためには、多くの将来社会論を踏まえた拡充が求められるであろう。

さらに、グローカルな将来社会計画へ[8]と題して、「日本の地域の現場では、成長主義資本主義に抗する種々の提起がされている」として、「里山資本主義（藻谷浩介）」、「新しい農本主義（宇根豊）」、「山水郷（井上岳一）」、「農村都市共生社会（尾関周二）」などをあげ、「そこには、自然保護だけでなく自然再生、『加工された自然』の変革、持続可能な地域づくりの活動の評価が含まれている」とし、「農村都市共生社会」を考えるためには、それらの実践的検討が不可欠であると述べている。

これに続いて、海外の事例などを俯瞰したうえで、「あらためて、グローカルな地球市民の視点に立った現代民主主義の発展の下での、持続可能で共生的な『ネクスト都市』が模索され、いま『コロナ危機』の下で、レジリアントかつ包容的な都市のあり方、日本ではとくに東京一極集中の都市構造の見直しが迫られている」[9]としている。

次の表２－２は、こうした観点から、社会的陶冶過程としての「社会的協同・学習」について、社会構造との連関で構成されたものである。

この表の意味するところは、「『将来社会への学び』が現代社会の矛盾的展開構造の中から生まれてきているということである」としているが、その際、鍵となっているのが、「社会的矛盾構造」が変革主体の生成につながるという「社会的陶冶」の概念である。

この表では、ユネスコの21世紀委員会報告『学習・秘められた宝』（１９９６）で提起された学習の４本柱に「共に世界をつくること」を加えた学習領域が示されている。この5番目の柱は、グローカルな実践、すなわち「地球市民」であることと「社会形成者」であることを「地域響同　glocal symphony」実践を通して統一していく際に不可欠なものとされている。そして、「それは、自己実現と相互承認の実践的統一を進める学びであり、そうした活動が社会全体に広がっていくのが、教育学的に見た『将来社会』に他ならない」[10]という。

社会的陶冶という概念は、詳しくは本書第二部においてとり上げるが、資本主義的生産様式において、生産者（労働者）が、生産物、生産（労働）過程、人格のそれぞれにおいて被る疎外の主体的把握（反省—捉えなおし）を意味しており、マルクス『資本論』における商品論を踏まえたものである。この30、40年にわたる新自由主義経済のグローバルな展開によって、貧困の増大と格差の拡大、社会保障の削減はもとより、大き

表2-2　現代社会の重層構造と社会的陶冶過程（社会的協同と学習）の提起

| 現代国家（対立軸） | 公民形成 | 現代的人権（社会的協同） | 学習領域（21世紀型の学び＝自由の発展） | 市民形成 | 自己疎外＝物象化過程 | 自然―人間関係（人間活動） |
|---|---|---|---|---|---|---|
| 法治国家（自由主義vs人権主義） | 主権者 | 連帯権（意思連携） | 教養・文化（知ること＝選択の自由） | 消費者 | 全生活過程＝商品・貨幣関係 | 物質代謝過程（生産過程） |
| 福祉or開発国家（残余主義vs社会権主義） | 受益者 | 生存＝環境権（生活共同・共生） | 生活・環境（人間として生きること＝批判の自由） | 生活者 | 人間的諸能力＝労働力商品 | 生態系サービス（人間的諸能力） |
| 企業国家（新自由主義vs経済民主主義） | 職業人 | 労働・協業権（生産共働） | 行動・協働（なすこと＝創造の自由） | 労働者 | 人間的活動＝剰余価値生産 | 自然循環媒介（労働過程） |
| 危機管理国家（新保守主義vs平和主義） | 国家公民 | 分配＝参加権（参加協同） | 成長・分配（ともに生きること＝協同の自由） | 社会参加者 | 生産物・作品＝商品・労賃 | 生産力形成（コモンズ） |
| グローバル国家（大国主義vsグローカル主義） | 地球市民 | 参画＝自治権（地域協同） | 自治・政治（ともに世界をつくること＝参画の自由） | 社会形成者 | 人間的諸関係＝資本蓄積（階級関係拡大再生産） | 生態域共生的管理（社会的物質代謝） |

出典：鈴木著『将来社会への学び』筑波書房　2016年　表終1を部分修正
（鈴木『21世紀に生きる資本論』第6章　p.167）

くは地球規模の気候変動という、グローバルな危機とそのローカルな顕在化という局面を迎えており、その深刻さは、危機克服・社会変革への希望を奪い、変革主体形成の契機、萌芽を見出すことを困難にしている。鈴木のいう「社会的陶冶過程」は、その危機の中に新たな社会への変革を進める主体形成の契機が存在しているという主張であり、その論理的、実践的検証が、今切実に求められていると言えよう。

「社会的陶冶過程」論自体は、資本主義的生産様式における生産者（労働者）の疎外の反省＝捉え返しによる克服という、資本主義社会に代わる新たな主体の形成論理という原理的な提起であり、これを地域づくりの主体としての住民の自己＝相互形成過程として読み込むためには、鈴木が提唱する「主体形成の社会教育学」の内容を踏まえておく必要がある。この点の踏み込んだ考察が早い時期に行われているのが、『主体形成の教育学』（２０００年）である。その第5章「主体形成の社会教育学」の第1節が「主体形成の社会教育学」の提起にあたっての基本的な理解を示しており、特に、その3「現代社会教育の課題」を踏まえた、4「主体形成の社会教育学」の論理構造、5「社会教育」とは何か―九つの定義―の内容が重要であるので、以下その要点を整理しておく。なお、この5章は、１９９２年に開催された日本社会教育学会のシンポジウムにおける「『社会教育』の概念的把握の方法について」と題された報告の要旨を再掲したものである。

## 3　「主体形成の社会教育学」の論理構造[11]

前掲書第5章1節4の「主体形成の社会教育学」の論理構造の冒頭、「現段階において我々が取り組むべきは、社会教育と社会教育学、そのものの体系化である」とした上で、これまでの体系化の試みふたつが挙げられている。一つは、倉内史郎によるもので、「統制理論・適応理論・自発性理論の統一としての社会教育論」である。今一つは、小川利夫・新海英行による「基礎論・計画論・実践論」である。その上で、これらは、「歴史的範疇としての社会教育」の理解が希薄であるとして、次のような問題点を述べている。

①「歴史的範疇」としての学習主体=現代的人格の理解が具体化されていないために、社会教育の諸形態の歴史的・構造的把握ができていない。②社会教育労働論や国家論が欠如しているために、社会教育制度の本質論的検討がなされていない。③現段階における人格の自己疎外、特に「意識における自己疎外」が把握されていないため、それらを克服していく自己教育の諸形態や、自己教育過程が理論的に展開できていない。

これらを踏まえて「主体生成の社会教育学」が提起される。その構成、論理レベルと課題は次のように説明されている。

〈1〉原論:「近代的人格がその自己疎外を克服して主体形成を遂げる際に不可欠となる自己教育の展開論理と、そこから必然的に生まれてくる社会教育の基本化形態を区別する」こと。

〈2〉本質論:「現代的人格の自己疎外」とそれに伴う社会的陶冶過程を基盤に、自己教育活動と社会教育制度が分離・対立し、矛盾関係として展開していく構造を明らかにしていくこと。そこでは、自己教育の構造と諸形態・国家論的観点から見た社会教育労働の組織化＝社会教育制度の展開が焦点。

〈3〉実践論：「地域住民自らの意識変革の過程、すなわち意識化、自己意識化、それらの実践的統一としての理性の形成を通して自己教育の主体となる過程と、それを援助し組織化する社会教育労働との相互規定的な展開過程を解明する」こと。

〈4〉計画論：実践論に入りつつも、総体的に独自の領域として。

また、同節5「『社会教育』とは何か」では、九つの定義が示されているが、主体形成・内容論的な視点での次の二つが重要である。

[8] 社会教育とは、地域住民が協同活動を媒介にした公共性の形成を通して、現実的に社会的個人となっていく『過程の主体』となることである。

（公民館の役割は、地域住民がその私的個人と社会的個人の矛盾を地域レベルで解決していくことを通して公民と市民を統一し、真の公民となっていく過程を援助していくこと）

[9] 社会教育の固有の役割は、…住民自らの意識変革の過程を生み出すような「環境を醸成していく」ことにあることを踏まえねばならない。

最後に、次のような総括的な定義が示される。

社会教育とは、現代的人格が意識化と自己意識化、および理性形成を経て、自己教育主体となる過程を援助し組織化する実践である。

結論としては、社会教育を「社会的陶冶過程」という社会の全体構造に関わる基本的概念をもってとらえ直すこのような構想は、社会教育の領域にとどまらず、教育におけるもっとも重要なキーワードは、「発達」ではなく「主体形成」であるというテーゼに至り、「発達の教育学」ではなく、「主体形成の教育学」の構築こそが、現代において求められているという、よりラディカルな提起へと展開している。

このような提起に対してシンポジウム後に寄せられた二人のコメンテーターによる「疑問」「批判」に応える内容が紹介されており、それは、鈴木の「主体形成の教育学」の基本的枠組みに沿った応答となっている。「疑問」「批判」は、現代青年論や労働・文化と社会教育の関係などコメンテーターの研究領域・関心に発する「無いものねだり」的な内容でありつつも、「自己教育」や「自己疎外＝社会的陶冶過程」といった鈴木の社会教育概念の鍵となっている理解に向けられたものともなっている。そこでの議論の焦点は、鈴木自身が言うように「ヘーゲルとマルクスにはじまる概念＝『自己疎外』」にある。

一方、原論レベルにおける社会教育定義のキーワードである「自己教育」の概念は、マルクスの疎外論に発するものではなく、「寺中構想」や日本におけるカント研究などに淵源をもつものであり、地域住民とその運動に焦点化して主体形成を論じる鈴木の枠組みは、地域住民の実践の中にある学習的契機が、広い意味での「労働の論理」の獲得を可能にし、企業内教育の「教育化」や公務労働教育充実の力になるという見通しに立つものであるといった説明は、その根拠、理論構成のいずれにおいても妥当なものと思われる。

とはいえ、近年における鈴木の論稿で示されている「現代社会の構造と社会的陶冶過程（社会的協同と学習）」に関する提起や近未来に向けた民主主義論や将来社会論においては、グラムシの理論、『経済学批判要綱』や『資本論』などマルクスの主要著作や、D．ハーヴェイ、S．ジジェクなどの『資本論』研究が大きな比重を占めており、「主体形成の過程を、社会科学に主導的な役割を託すという形」とみられる側面を持っていることは否めない。あるいは、オリジナリティの高さゆえに社会科学の先鋭な議論に読み手の関心が集中してしまい、鈴木の理論構想全体が十分に受けとめられにくいという状況が今日でもあるのではないかと思われる。

「主体形成の教育学」が「発達の教育学」に対置されている点について一言付言するなら、鈴木も意識的に批判的検討の対象としている、いわゆるポストモダンの教育学においても、「発達」概念を教育の基本的価値としては相対化していった1980年代以降の学的動向が想起される。鈴木の提起は、まずは、社会教育が「世界的に求められている教育の在り方の再構成の必要」に応えようとするとき、そのキーワードが「発達」ではなく「主体形成」であるとするところにある。さらにそれに続けて、「教育全体を社会教育の視点から再検討していくことが必要であり…それを大きく教育学全体の発展という課題から見るならば『発達の教育学』に対する『主体形成の教育学』の構築ということになるであろう」という先にも引用した提起となっている。

この提起は、経済の論理に席巻され、狭義の人材育成の場と化しつつある現代日本の学校教育のドラスティックな改革を目指すものとして魅力的ではあるが、筆者としては、人間発達という価値の普遍性についての吟味を踏まえたうえで、あらためて「主体形成の教育学」の可能性を見定めたいと思う。それは、人格発達の心理的側面、その構造をとらえた教育的関係論からのアプローチということになろう。

---

1　鈴木敏正『21世紀に生きる資本論』2020 ナカニシヤ出版　p.159

2　鈴木『「コロナ危機」を乗り越える将来社会論』で紹介されている実践は、2014年に始まった「北海道社会教育フォーラム」で報告された諸実践が中心である。

3　鈴木が世話人として参加してきた分科会は、「暮らし続けられる地域づくり」

4　「21世紀型の「民主主義と教育」を考えていく際の基本枠組みは、憲法的諸理念を現代的に発展させようとする諸運動を通してはじめて現実的なものとなる」『「コロナ危機」を乗り越える将来社会論』2020鈴木 p.60

5　鈴木敏正『将来社会への学び』筑波書房 2016　p.206

6　鈴木敏正『「コロナ危機」を乗り越える将来社会論』筑波書房 2020　p.223

7　同第6章 労働への、労働の、労働からの解放 第4節

8　同第5節

9　J.アーリの社会学と未来学を踏まえて、「国家よりもローカルなコミュニティ、それも新しいまちづくりの集合的主体となるようなコミュニティ」がキーファクターになるような都市の未来を展望する吉原直樹の論

などもある。吉原直樹『コミュニティと都市の未来—新しい共生の作法—』ちくま新書２０１９

10 鈴木敏正２０１６ p．１９２

# 第三章　地域がひらく民主主義の未来　～第一部のまとめと考察～

## 地域づくり活動に見る「社会的陶冶過程」

第一部の課題は、実践に即して地域生活・地域づくりの主体形成の論理を明らかにすることであり、それは第二部における理論的な検討の焦点である「社会的陶冶」概念の妥当性の検証につながる作業でもある。

「社会的陶冶」の概念は、マルクスによる資本主義的生産様式の理論的解明における重要な概念である物象化概念にもとづくものである。物象化は、私的生産、商品社会によってもたらされる人間の非人格化を捉える概念であることによって、その主体的捉えなおしとしての「人格の疎外」概念となり、この「疎外」を克服しようとする主体の活動の過程が、「社会的陶冶」過程とされている。このような理論的側面と地域づくりの活動論の両者を視野に入れてどのように理解するかについては、本書全体の結論としてあらためて示すこととして、ここでは、地域づくり実践における主体形成の契機に論点を絞って、第一部のまとめとしておきたい。

一つは、学習という契機である。地域づくりというとき、それは生活に必要な社会的諸条件を一定の圏域において総合的に構築していくことと理解することができ、様々な地域課題の解決に取り組む過程でもある。近隣住民による高齢者の暮らしの支え合いや、子育てへの支援、環境問題へのアプローチ、文化財の保護・継承などの活動を具体的にあげることができる。松本市の事例では、それぞれの活動に先立つ調査活動や、個々の取組みの振り返りの際に、公民館主催の講座や行政の担当者による説明など、文字通り新たな情報・

知識を獲得・共有する機会が多彩に展開されており、「松本らしさ」と表現される町会公民館や町会福祉の取組みに見られる「身近な地域を重視する」というもう一つの重要な契機も見られた。

このように身近な地域における学習という契機が、地域づくり、住民の地域活動に織り込まれる構造が、長期にわたって継続されてきたことによって、松本市では前例踏襲的な活動や、あらかじめ決められた枠組みにそった活動とは異なる地域活動のスタイルが生まれてきている。つまり、日々の暮らしの現実の中で悩み、不安、困難を抱えざるを得ない状況から、現実を変え、それらを解消していく方向へと向かうという転換、社会的背景・要因をもって生じてくる諸矛盾が、住民をして問題解決の主体への変化・成長へと導いていく過程の展開をみることができるのである。

「社会的陶冶」という概念は、社会的諸矛盾が社会変革の主体形成へと転化（転換）する過程が、内的矛盾の外的作用への展開というベクトルの単なる転換ではなく、その展開を媒介する内的条件としての学習という契機を含んだそれであることを示している。

マルクスは、資本主義的生産様式の下で、労働において、生産物からも、人間的関係からも疎外されている状況から、疎外状況を敵対的にとらえ、その克服へと向かおうとする「労働者の並外れた意識」に言及しているが、今日の資本主義的生産様式の高度化複雑化、さらにはグローバル化によって、労働者・市民の中に格差と分断が深く刻み込まれている現状では、この「並外れた意識」の形成・発揮は著しい困難に直面している。社会が高度化し、問題が多面的なものになればなるほど、主体としての労働者に必要とされる諸能力の獲得のための独自の契機として、学習がその比重を増していると考えられる。特にＩＴ企業におけるプログラムやシステム開発、ＳＮＳサービス事業などにおいて、革新的な技術開発によって生まれる巨大な利益は、剰余価値労働の搾取という資本主義的生産の基本的カテゴリーからだけでは、捉えがたいものであり、『資本論』やマルクス主義的な議論の可能性を否定する思潮は強い。

主体形成の「媒介・契機」としての学習という視点は、暮らしの現実から出発する諸個人の学習と共同による主体の成長と連帯という論理の可能性（必然性）を意味していると言えよう。この点の更なる解明は冒頭で述べたように、本書末での考察に委ね、ここでは第１、２章の内容を振り返りつつ、若干の考察を加えておきたい。

## 考察Ⅰ　地域づくり論の３つの契機　小地域・学習・人格発達

筆者がこの20、30年間全国各地を地域福祉や社会教育の事例研究のために訪れた際の最大の気づきは、「昭和の大合併」以前の「旧村」が「地区」などの名称で、様々な行政の事業や住民の地域活動の圏域として機能していることであった。さらに中山間地などでは、「旧村」の構成単位である「区」、「区」を構成する「組」とその合議体である「常会」といった組織も見られた。もちろん、それらの実体が失われ、新たな地域組織化が図られた事例もあったが、「地域組織の衰退と人間関係の希薄化」という一言で済ますのではなく、それぞれの地域の固有の姿をその歴史的変遷過程を踏まえてリアルにとらえる大切さを痛感することが多かった。

この第一部で取り上げた松川町や松本市の事例も、地縁や身近な地域組織が持つ可能性を雄弁に物語るものとして、強く印象に残るものであった。特に松本市の事例は、「昭和の大合併」後の公民館の配置をめぐって、精力的な議論によって小地域配置を軸とする体制の充実を図り、その過程の延長上に小地域福祉活動の新たな展開を図る独自の事業が重ねられ、既述のように「平成の大合併」期の行政の見直しは、「地域づくりセンター」を核とする新たな地域自治組織の構築へと展開し、国の「分権」政策下での行政のスリム化・民間の経営的手法の導入などとの緊張関係のもと、21世紀における地域自治の新たなかたちを実現しつつあるといっても過言ではない。

一方、人通りの絶えたシャッター街と大型量販店が対照をなす地方都市の中心市街地空洞化の事例に出あうことも少なくなかった。中山間地でも、移住者の受け入れなど「よそ者」の視点も活かし、地域の魅力の再発見・再創造へと向かっている地域がある一方、高齢化に伴い住民の減少が限界へと近づいていく集落がある。

地域は、文字通りまだら模様で、可能性と困難が絡み合った時空間として存在しているというリアルな認識が不可欠であり、実態、そこにある問題と条件を見極め、新たな展開への芽を見出し育てる自覚的な活動が求められているのだと強く思う。衰退から消滅へと流れてしまうのか、踏みとどまり再生の歩みを踏み出すのか、その明暗を分かつのが、松川町の健康学習や松本市における住民に身近な公民館活動の例に見られる「学習」という契機なのだと思う。この契機を捉え活かすことが、「地域づくり」活動が自治の理念にふさわしい内実をもつことを可能にするのである。その原理を探究したのが、第二部でみる鈴木の議論である。

「地域づくり」という語は、「地域」同様、明確な定義が一つに定まるものではない。本書で取り上げてきた事例や関係する議論にある程度共通する内容は、私たち一人一人の暮らしを維持し、その充実を図っていくために必要な諸条件の整備、それにかかわる様々な活動の総体とひとまず言語化することができよう。その際の導きの糸となるのが、自治の理念である。私たち一人一人が、それぞれの望む暮らしを実現していくために、他者と共に考え、行動していこうとする方向性と言ってもよい。

都道府県・市町村など、今日自治体という呼称が意味するところは、多くの場合、行政機関・組織としてのそれであり、首長と議員という「二元代表制」に基づき、公務員である職員が様々な事業に従事する「団体自治」が基本となっている。一方で「住民自治」の発想は、そのような制度的枠組みを越えて、住民の要求・意向を自治体行政に直接的に反映させようとする、主体的な参加・参画の活動を生み出してきている。その活動は、子育てや介護、保健・医療、事業経営などに関する要求の実現という具体的内容を持ち、あわせて活動を展開していく上で必要な協同のかたちを作り出してもきている。1960~70年代に拡がった「革新自治体」は、そのような活動が運動として生み出した自治体のひとつの歴史的モデルであったが、その多くは、住民要求の実現に積極的な首長のもと、議会の支持と相まって、自治体が条件整備、制度化・事業化に取り組んでいくというかたちをとっていた。そこでの住民の地域活動は、行政に対する要求運動としての性格を強く持っており、運動の過程における住民・行政職員の主体としての成長という契機をはらみつつも、サービス提供者としての行政と受益者としての住民という関係を生む余地を残すものであったといえよう。

それに対し近年では、それとは異なるかたちが生まれてきている。その背景には、高度経済成長によって潤沢な予算が確保されていた時代と異なり、経済の低迷による歳入減、少子高齢化に伴う社会保障費の増大などによって自治体財政が圧迫されることによって、大規模開発や産業支援と住民の生活要求の実現との競合・緊張関係が強まってきた状況がある。そのような状況のもと、自治体行政による制度化・事業化を迫っていく過程で住民自らが、新たな制度・事業に先取り的に取り組むような活動が生まれてきている。暮らしの中に住民の直接的協同によって展開する事業を作り出し、自治体の事業の更新を迫っていくスタイルである。そのような活動の担い手が自分たちの代表を議会へと送り出す、あるいは首長を実現していく事例も見られる。それは近年の地方議会選挙で、既存政党に属さないいわゆる「市民派」議員・首長の誕生となって表れている。かつての革新自治体を生んだ流れとは質の異なる変化が現れているのではないだろうか。

そのような運動のなかで、しばしば聞かれる「自治の再建」ということばには、「政治」ではなく、暮らしにおける新しい協同の実現という意味合いが込められている。ただしその際、協同の実現にはその主体の形成が欠かせない。新しい協同には、新しい主体の形成が求められ、そこに「学習」という契機が潜在的・顕在的に伴う。「学習」を伴う新たな主体の形成を欠くところでは、既存行政に対する不信や不満が、新たな装いで既得権の排除を掲げる主張にたやすく流されてしまう現象も生まれてくる。それじたいは批判の一つの表現とはなりえても、新たな創造へのエネルギーとはなりえないであろう。

社会の構造的変化が日々の暮らしに危機的状況を生み出しつつある今日、暮らしの中の学びが持つ意味、主体形成の一契機としての重要性がかつてなく高まっている。その際に、あわせて考えておきたいテーマがある。それは、社会的協同と人格発達、人間の内面世界の豊かさと複雑さという問題である。人格の概念を中心に据え、それを実体、本質、主体という3つの規定でとらえて、「自己疎外＝社会的陶冶、自己実現＝相互承認」というキーワードで、主体形成を論じ、近年の地域づくり活動に見られる新たな試みを「すでに始まっている未来」と位置付けた鈴木の議論にも共通する要素であるが、筆者としては、それに、人格への心理学的アプローチとの綜合という課題を加えて、自身の今後の理論的探究の課題としたい。この心理学的アプローチの一角を占めるのが、生涯発達論、より具体的には、E．H．エリクソンのライフサイクル論から示唆される人間の生涯にわたる段階的（漸成的）発達の理論とそれをもとに想定される個の発達の多様性の理解である。それは、人間の生涯に8ないし9の段階とそれぞれの段階を特徴づける内的葛藤（対立）を想定し、その葛藤の乗り越え方、対立の弁証法的否定の在り様をとらえた考え方である。今回この点について詳述はできないが、同時代を生きながらそこに展開される個々の生き方の多様性、あるいはそれぞれの生の個別性と価値がどのように形成され、変容を遂げていくのかという問いは、筆者が各地のフィールドワークを通じて出会った人たちの人生の物語を読み取っていこうとしたときに、必ず湧きおこってくるものであった。

鈴木の理論的提起・解明が、ときに受ける「図式的」、「還元的」といった批判については、理論構成自体の先鋭さに向けられたものというよりも、人間の生きる姿、人生の歩みの多様性とそこにある価値への着目があってのことであろう。社会の変革主体形成の論理を、当該の社会の支配的生産様式、それとの相互規定的な関係にある制度・法律を軸に構造的にとらえようとする鈴木の理論的枠組み（現代社会の構造と社会的陶冶過程すなわち社会的協同と学習）を踏まえた、いわば社会構造の論理と個の発達の多様性とその価値に着目するアプローチの綜合の道を、筆者としては目指していきたいと考える。

とは言え、現代社会の構造から変革主体の形成につながる「社会的陶冶過程」を導く論理的筋道の解明じたいが、固有の課題として大きな意味と困難を伴っている。本書第二部では、近年のマルクス研究の新たな展開も踏まえてこの課題に向き合うことで、第一部で実践から引き出した主体形成の契機の一つとしての「学習」が持つ意味を検証し、深化させることを目指したい。

*intermission*

# 松本平から、安曇野へ
## ～ちょっと寄り道

信州には四つの平があると「信濃の国」にも歌われている。そのひとつが松本平であり、その北に拡がるのが安曇野である。筆者が松本に研究フィールドを定める一つのきっかけが、実は安曇野にあった。

## 安曇野～とっておきの場所を組み合わせる楽しみ～

安曇野を初めて訪れたのは、1987年落葉松が黄金色に輝き、晩秋から初冬へと移りゆくころであった。ペンションでの夕食後、オーナー夫妻や同宿の人たちとの楽しい会話に、子どもたちもすっかりリラックスしていた。

このペンションもそうであるが、安曇野の魅力は、工房やカフェ、蕎麦屋、そして小さな宿など、様々な個性の彩りにある。30年を越えて通い続けることになったのも、この魅力から生まれる楽しさゆえである。

安曇野の代名詞ともいえる碌山美術館やわさび農場はもとより、ロイヤルコペンハーゲン窯のクリスマスプレートを第1号から収集展示している美術館には、カフェも併設され、特別な時間を過ごすことができる。山岳をテーマにした美術館、個性的な作品が飾られたギャ

ラリー、天蚕の美しい緑色の繭に出会える館など、個性豊かな楽しい空間が点在し、歩いてたどることができる。吹きガラスやアクセサリーづくりも体験させてもらった。これらは、「安曇野アートライン」というマップで紹介され、割引券のついたパンフレットなども用意されている。

一度の訪問は、ほとんどが一泊二日。二、三箇所を訪問し、季節の果物・野菜などを土産に帰路につくというのがいつものパターン。数十はあろうかという立ち寄りポイントは、季節も要素に加えれば、無数の組み合わせが可能で、尽きることのない魅力となる。オールインワンの大規模施設とは対照的な、旅をつくる楽しさを実感できる世界がそこにある。

とはいえ、高速道路の整備もあり、初訪問の時には、文字通りの農免道路が田畑の中を縦断していたが、今では飲食店、量販店などが林立する幹線道路へと変貌している姿や、国営公園と称する広大な敷地を持つ誘客施設もできており、安曇野全体の魅力、潜在力を生かす、持続可能な観光エリアづくりのしっかりしたコンセプトを練り上げていく必要性を痛感する昨今で

ある。

訪問のスタイルは、自身のライフステージによって変化してきた。このコラムでは、人生に潤いと静かなエネルギーを与えてくれた、安曇野の様々な顔を、私個人の思い込みをめいっぱい詰め込んで紹介していこうと思う。

本文を読み疲れた読者のために いや、書き疲れた自分のために。本当に書きたかったのは、こちらの方なのかもしれない。

## 最高の風景

安曇野は、西の北アルプスと美ヶ原など東の山塊の間に南北に広がる盆地、北アルプスからの河川が形成した扇状地群から構成されている。長年通いつつも、気に入った風景となると、安曇野らしさが実感できる数カ所に絞られる。

山麓線の万願寺への交差点から少し北、北東方向に視界が開ける地点がそのひとつ。梓川、中房川、奈良井川が合流し、犀川となって下ってゆく構図に、明科（長良山）、聖高原につながる稜線が背景をなす広がりがなんとも心地よい展望ポイントである。田畑の間に点在する屋敷林がリズミカルなアクセントになっている。

いまひとつは、中房温泉への入り口からやや北、中房川を渡る橋の少し先。ここも、先の地点と同様、北東方向に田園の広がりを一望できる。振り向けば、前山の間から、燕の尾根が、雪をまとった姿を初夏までのぞかせている。アルプスの山並みを遠望しつつ、わさび農場を囲む水田は、初夏アルプスの山並みを映す水鏡となる。その中の一本道を走るのは実に爽快である。共通するのは、田園の広がりと空気の透明感である。

## もう一つの人生への扉　大人のための絵本館

穂高町の山麓線と呼ばれている道に沿う別荘地の一角に、安曇野絵本館があった。初めて訪れたのは、1992年ごろだと思う。海外の絵本の原画展が魅力で、ジョン・バーニンガム、エロール・ル・カイン、ガブリエル・バンサン、ジル・バークレムなど初めて出会う作家も多く、それぞれのクリエイティブで奥行きのある世界にすっかり魅了された。訪問のたびに買い求めた絵本を久しぶりに取り出すと、その時々の記憶がよみがえってくる。

安曇野絵本館の魅力は、もちろん絵本そのものの世界にあるのだが、その空間と館主の人柄あっての世界である。北アルプス山麓の林間にあって、雰囲気の異なる箱を組み合わせたようなダイナミックな空間構成、吹き抜けの高い窓から差し込む光、開放的なテラス、透明感に満ちたＢＧＭなど、非日常の最高の演出がそこにあった。カウンター席で香り高い紅茶を味わいながら、館主やスタッフと会話を交わすとき、日ごろの緊張がほぐれていく心地よさを味わっていた。

「絵本は子ども向け」というイメージを大きく覆す芸術性、創造性の高い作品世界は、ともすれば狭い視野に生活を押し込めがちな大人に、オルタナティブな世界、心の居場所を開いてくれる。「ゆっくりしてってください」という館主のことばは、たとえ年1回の短い時間であっても、創造の世界に遊ぶ喜びとなり、生涯の大切な支えとなっている。

安曇野絵本館は、残念ながら2015年に閉館となり、館主も故人となられたが、絵本の魅力に惹かれた知人が、京都に安曇野絵本館のコンセプトを引き継ぐ、もうひとつの絵本館、「響き館」を開設して10年余。自宅から徒歩圏にあり、年数回開かれる企画展を楽しむことができるのは幸いである。

## 北風の白鳥湖

長く通っていると、オフシーズンの訪問の機会も生まれる。２月厳冬期もそうである。安曇野を南北に流れる犀川に、徳次郎と呼ばれる一角がある。長野道の安曇野インター近く、毎年白鳥が越冬に飛来する場所としてよく知られている。広い河川敷のため、白馬の峰から吹きつける冷たい風が顔に刺さるが、鴨の群れと混じり合いながら、餌をついばむ白鳥たちの声に包まれるひと時も、安曇野が見せる顔の一つと思えば、楽しく感じられる。

## わさびの花と早春賦

時は弥生３月、まだ吹く風に冷たさは残るが、明るさを増した空のもと、山葵が小さな花をつけ始める頃も、魅力的な季節である。中房川が犀川に合流する一角にはまるい石碑があり、「春は名のみの風に寒さや」

で始まる、唱歌「早春賦」の歌詞と楽譜が刻まれている。安曇野一帯の早春の情景が描かれており、寒さの中に春の訪れを実感させてくれる。やがて梅が咲き、桜が追いかけ、安曇野に春が駆け足でやってくる。田起こしが始まり、水鏡にアルプスの峰々が映る日が待ち遠しい。

## 風の丘　アートヒルズ

コロナ禍の影響で、残念ながら閉館となってしまった施設が安曇野にもいくつかある。その一つが、アートヒルズと呼ばれる、ルネ・ラリックなどアールヌーボーの作品を展示する美術館を核に、工芸品作品からふだんづかいの食器までガラス作品を展示・販売していた施設である。

棚に並ぶ、皿、花瓶、カップなど色とりどりの作品は、大窓から見える安曇野の田園、遠景のアルプスの山並みと溶け合って、透明な輝きを放っていた。吹きガラスの制作体験もできる施設は3層からなり、カフェレストランも併設されかなりの広さがあり、今思えば経営の大変さは当初からあったのかもしれない。

美術館としての上質な空間を演出しつつ、カジュアルなショップ機能の充実を図るなど、工夫の積み重ねもあった。

私自身にとっては、何度訪れても飽きることのない、とっておきの場所であり、我が家のグラス類はほとんどがこの施設で買い求めたものである。時計、陶板画、額装されたガラス細工など、我が家の空間づくりになくてはならない潤いとなっている。日々の暮らしの中に、「商品」ではなく「作品」があることが与えてくれる心の豊かさに気づかされたのも、アートヒルズの存在である。

ガラス工芸を主体とした美術館は、箱根や諏訪などのすでに有名な施設も含め、全国に多数展開していると思われるが、アートヒルズの魅力は、安曇野という立地、すなわち、風、水、光という透明感がキーワードなる空間に立地していることにあった。個人美術館や工房、カフェなど多数の個性の組み合わせこそ、最大の魅力であ

るとはすでに述べたが、その土台としての安曇野の風土が持つ個性を忘れてはならない。遠く安曇族の渡来の物語が伝わる穂高神社、荻原碌山、相馬愛三・黒光夫妻、井口喜源治など、文化人の交流[1]、芸術・文化・宗教に関わる歴史的背景が幾重にも重なって安曇野をかたちづくっていることも。

1　臼井吉見の長編小説『安曇野』には、地元文化人の交流が描かれている。

## 安曇野ビンサンチ美術館

アートの魅力といえば、最新のデジタル技術を駆使して、オリジナルな世界をつくりだしている「安曇野ビンサンチ美術館」がある。現在のような美術館としてのスタートは、２０１２年ということであるが、私が初めて訪れたのは、工房時代の１９９８年。自身の入院・手術を前にした夏であった。そのときは、猫やフクロウをモチーフにした愛らしい作品に大いに癒されたものであった。工房は、安曇野絵本館と同じ林間の別荘地に位置しており、ガーデンは、鳥の声や梢のささやきが耳にやさしい空間となっている。

以来四半世紀、落ち葉など自然素材を取り込んだＣＧ作品から、顕微鏡下のミクロアート、さらにはメタバース空間へと、安曇野の森に創造の世界をひろげる〝ビンサンチ〟にいつも新鮮な刺激を受けてきた。ペー

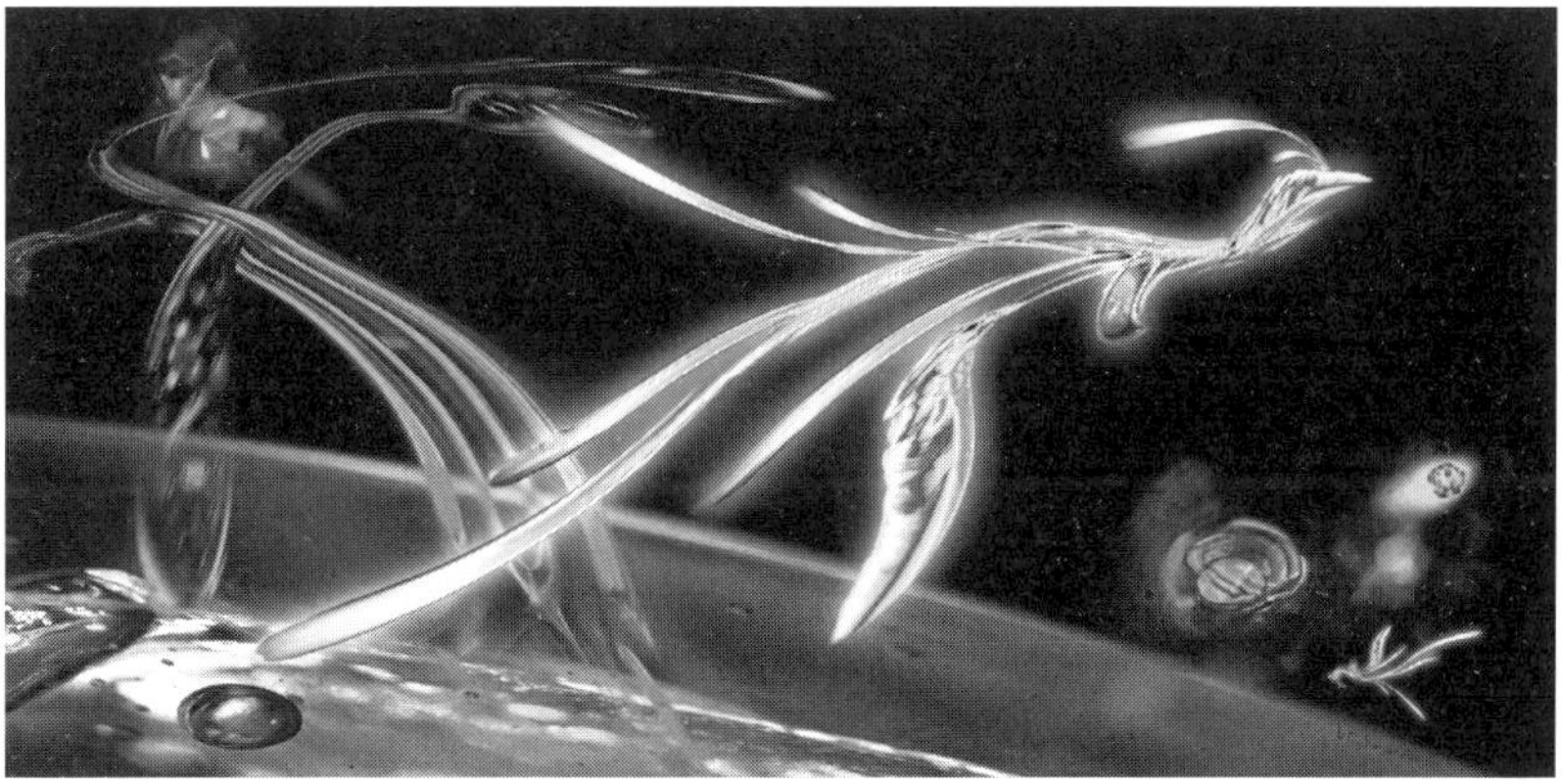

ジ上段の画像はミクロアートの最新作で、未来への飛翔を思わせる神秘的な世界が表現されている。

安曇野が、いつまでも彩り豊かな創造の世界であることを願わずにいられない。

# 第二部

## 社会をとらえ、未来をひらく理論を求めて

## 社会をとらえ、未来を拓く理論を求めて

第一部では、長野県松川町、松本市など、暮らしを主体的・創造的に切り拓いていく営みの事例に学びつつ、そこに含まれる地域づくりの諸契機を探ることを試みた。第二部では、それらの諸契機を要素に含む地域づくり論の構築に向けて、現代社会を多面的に読み解き、将来社会を展望するための基礎理論について考察を深めることを目的とする。中心となる素材は、資本主義社会をその経済法則の解明を軸に、歴史的にとらえる理論的格闘を生涯にわたり重ねたK．マルクスの理論である。商品・貨幣・資本、そして疎外や物象化といった基本概念と理論構成についての新たな視点からの解明、さらに近年の新資料に基づくマルクスのエコロジー思想の探求、さらには民主主義の更新に向けた最新の提起などに学んでいきたい。

本書に向けた作業は、筆者の退職後の3年余りという限られた時間のものであるので、佐々木隆治『マルクスの物象化論　資本主義批判としての素材の思想』（2018　増補改訂版）、鈴木敏正『21世紀に生きる資本論　労働する個人・物質代謝・社会的陶冶』（2020）、斎藤幸平『大洪水の前に　マルクスと惑星の物質代謝』（2019）を中心としつつ、近年のマルクス研究およびそれに関連する諸研究を具体的な考察の対象としている。将来社会を展望する上では、近代民主主義論の検討に関連して、A．ネグリ、M．ハート、独自のマルクス批判の視点をもつH．アレントの諸著作も参照した。

以下、4章　マルクスの経済学批判が持つ理論的、潜在的可能性、5章　今日の気候危機との関連でエコロジカルな視点から見たマルクス、そして、6章　アソシエーション論に代表されるソ連崩壊後の新たなマ

ルクス論や近代民主主義に対する批判理論の順に、テキストを読み解きながら、考察を進め、最後に、現時点における筆者の将来社会像、その理論的骨格についての提案を暫定的にまとめて、本書に続く研究への道標としている。

# 第四章　マルクスの思想・理論への新たなアプローチに学ぶ

第二部では、未来に向けてマルクスの理論の可能性を探ろうとするアソシエーション論や、近年のMEGAに基づく研究によって明らかになりつつある、従来とは異なるマルクスの理論の力、可能性に注目していきたい[1]。

特に、本章では、『資本論』の最も基礎的な論点である商品論の要である物象化論、そして、資本主義的生産様式における労働の基本的性格、資本主義社会における人格論（人間の存在論）の鍵となる疎外概念に焦点をあてて考察を進めていきたい。いうまでもなく、この課題は、長年のマルクス研究の蓄積の厚いところであり、論争的な内容も含まれており、初学者に過ぎない筆者としては、ひとまず佐々木隆治『マルクスの物象化論　資本主義批判としての素材の思想』（２０１８　増補改訂版　以下　佐々木２０１８と略）と、鈴木敏正他編『２１世紀に生きる資本論』２０２０（以下　鈴木２０２０．４と略）など直近の理論書に学びつつ、筆者自身の考えかた、理論的立場の基盤を築く作業を行っていきたい。

## 第一節　物象化をとらえなおす—資本主義社会における変革主体形成の契機を考える

### 1　物象化の概念と理論の詳細（佐々木２０１８　第4章「物象化論の理論構成」の概要）

まず、物象化について、概ね共有されている概括的な定義が示されている。「商品生産が全面化した社会においては、生産者たちにとっては、それぞれの労働が人格と人格との直接的な社会的関係としてではなく、物象と物象の社会的関係として現れる。この転倒した事態を指すために、『物象化』という術語を用いることは確かに適切であろう」と[2]。そのうえで、問題なのは、単なる物象化の定義ではなく、マルクスの経済学批判の理論的核心の理解そのものであるとし、従来の日本では、認識論、流通論に偏した理解がスタンダードとなっているとし、廣松渉と宇野弘藏・林直道らへの批判が示されている。また、平田清明、望月清司らについても、物象化論の近代批判としての意味が弱められているなど、不十分で妥当性を欠いたものとして批判している。

肯定的に評価されているのは、久留間鮫三、大谷禎之介、平子友長らであり、J．ルカーチの論も、物象化が素材に対する人間の態度を変容させていくという点を明確にしたことなどが重要であると評価している[3]。そのうえで、先行研究を踏まえて今後の課題として、次の諸点が示されている。

〈1〉物象化、物化、物神崇拝の概念の精緻な位置づけ
〈2〉「実践的・批判的」意義を明らかにすること
〈3〉以上2点を解明するうえでも、物象化の〝次元〟を区別して、その連関をとらえることの3点である[4]

また、マルクスは物象化の概念そのものについてとりたてて論じてはいないが、『資本論』第1章商品、第2章交換過程、第3章貨幣または商品流通のそれぞれの内容が、物象化に対応しており、特に第1章第4節「商品の物神的性格とその秘密」において、使用価値と価値の対立、私的労働と社会的労働の対立、特殊具体的労働と抽象的一般的労働の対立を主題的に取り扱っているとし、この「物神崇拝」に関する叙述において、マルクスの経済学批判の最も基本的かつ重要なスタンスが示されているとしている。そして、「如何に

して商品の『物神的性格』が生まれるのか、この解明の中心をなすのが物象化論にほかならない」と述べている。

商品の物神的性格については、使用価値、交換価値、価値という3つの概念で説明されるが、なかでも価値概念が労働の概念ともかかわって鍵となっている。生産者たちが生産物を通じて互いを社会的に関連させあうことに関する次の説明は重要である。

「種類を異にする生産物を交換において、価値として互いに等置しあうことによって、価値という同質の社会的属性を与え、商品とすることによって、異なる労働生産物のあいだに、社会的連関をつくりだす。価値とは、まさに、労働生産物が、私的生産者たちの交換において受け取る社会的な力に他ならない」

あわせて、「商品生産関係の内部では、労働が抽象的人間的労働としてもっている共通な社会的性格が、私的労働の生産物が持つ純粋に社会的な性格として表され、価値という形態をとる」という説明が重要で、交換という関係、抽象的人間的労働という概念が理解の鍵となっている[5]。

物象化概念の基本的理解についての佐々木の説明の要点は、以上であるが、ここでは、後の章で鈴木の社会的陶冶論の理論的根拠を検討することになるので、佐々木の物象化論の理論構成の詳細と疎外論についての理解もみておきたい。

## 2　物象化論の理論構成の詳細（佐々木　前掲書　補論1の概要）

佐々木は、まず『資本論』第一部第一篇において扱われているのは、商品生産関係であると押さえ、商品生産関係においては、①物象化　②物象の人格化　③制度及び法律という三つの次元が存在し、それぞれ第一部第一篇の商品章、交換過程章、貨幣章で述べられているとしたうえで、これらは、資本主義的生産様式という対象から独立に措定できるような「哲学」や「理論的方法」ではないとする。その点で、廣松の認識論的に把握された物象化論とは異なる理解となっている。

### 物象化の詳細

続いて、物象化についての詳細な説明がなされる。上記の要点と重なるが、理解をより正確にしておくために、概要をまとめておく。ここでも、鍵となる概念は、価値であり、「生産関係は、人格と人格との関係としてではなく、（商品や貨幣などの）物象と物象との関係として現れる…物象の運動が人々の生産活動を制御する。マルクスは、このような転倒した事態を物象化と呼んだ」という説明は、先の引用と同趣旨であるが、商品生産関係が私的生産者による社会的分業を前提条件としていること、労働は、有用労働としての社会的性格とは別に、社会の中で有限な総労働の内から、ある一定量の労働を支出したという意味での、抽象的人間的労働としての社会的性格をもっている、という社会的総労働と社会的分業という視点が加えられている。そのうえで、この抽象的人間的労働が、私的労働の生産物が持つ純粋に社会的性格として表され価値という形態をとるという、価値形態論が示される。そして、この価値が、それ自体は抽象的属性であるため、他の商品の使用価値を通じて表されればならず、これがさらに、「商品世界の一商品を、その他のあらゆる商品にとっての価値体(一般的等価物)とする一般的価値形態へと展開し、さらに金への固定を経て貨幣となり、一般的価値形態は、価格という価値形態を形成することになる」という展開(関係)が説明されている。

このような価値についての理解に関連して、「物象化された関係においては、…物象の社会的関係という外観が固定化され生産物が自然属性として価値という力を持っているという転倒した認識」、すなわち「物神崇拝」という概念の重要性が指摘される。

そのうえで、「このような関係は、諸個人の特定の関わりによって生み出されるにもかかわらず…人間の意志や意識に関わらず成立する。だからこそ、マルクスは、交換過程や所有の考察に先立って…このような物象的形態の必然的成立を明らかにしなければならなかった」としている。

それゆえ、物象化の次元において本質的なのは、「物と人間の対立ではなく、物象が受ける経済的形態規定と人格との対立、より広い文脈では、物象的な経済的形態規定と素材的な世界との対立である」という。

商品の物象的性格が、資本主義的生産様式を規定するもっとも基底的な要素であることは、「物象が受ける経済的形態規定と人格の対立」という視点と合わせて、『資本論』の要として異論の余地のないところと思われるが、人格を素材的世界に位置(関連)づけて捉える視点は、佐々木の本書全体の論旨「資本主義批判としての素材の思想」に関わるもので、近年のMEGA資料に基づくマルクス研究の新しい切り口とも関連しており、斎藤幸平の著作を踏まえた次章における検討であらためて触れることとし、ここでは、次に「物象の人格化」という、佐々木のもう一つの中心的論点についてみておこう。

## 物象の人格化

この「物象の人格化」という用語は、佐々木の物象化論における鍵となっている。これは、「物象が自らの担い手を必要とし、人間たちがその担い手として行為する事態」と定義されたうえで、「私的生産者たちが無意識のうちにつくりだした経済的形態規定の論理が、今度は、人間たちの欲望や労働の仕方、所有の在り方までも変えてしまう。さらに広い文脈では、人間と自然とのあいだの素材代謝の総体を変容させるということができる」と述べ、人間の在り方をその根本から変容させてしまう力に着目している。

そこでは、社会的に承認された占有としての所有の在り方が変化し、所有の権利＝正当性が、物象の力に依存するものとなってしまう点、貨幣という価値の体化物に対する欲望が生まれ、人間の欲望が際限のないものとなる点が問題とされ、「物象の人格化は、物象の人格的担い手としての『自由・平等・所有』を人間本来の自由・平等・所有だと考える幻想を生み出す」という点で、人権の基本にかかわる問題性を指摘している。この視点は、新自由主義によってもたらされた今日の問題状況を読み解く基本にかかわる論点を提供しており、後の、鈴木の議論でも共有されている[6]。

## 制度及び法律

ここでは、『資本論』貨幣章（第一篇　第四章）の内容が扱われており、貨幣と制度及び法律との関係が示される。まず、「貨幣が実際に価値尺度・流通手段・支払い手段などとして機能するためには、物象と人格ないし素材的世界を媒介する制度及び法律が必要」であり、同時に「制度及び法律の力は、どれほど強力に見えようとも、物象化と物象の人格化を媒介することができるだけで…制度や法律の力だけによって、物象の力や機能を廃絶することもできない」という。つまり、生産様式こそが基底的力を持っているという理解であり、その意味で、資本主義を「飼いならす」ことは「制度幻想」、原理的に不可能とされる。

佐々木は、以上のような3つの次元の理解にたって、その相互の関連と意義を次の2点でとらえている。

〈1〉3つの次元は、並列ではなく、層をなす規定関係である。つまり、物象化が物象の人格化を規定し、物象化と物象の人格化が制度及び法律を規定するという関係。したがって、諸個人と制度との相互作用という理論的シェマは誤りで、必ず、物象化、物象の人格化が媒介する。

〈2〉3つの次元は、それぞれ物神崇拝、ホモ・エコノミクス幻想、制度幻想というそれぞれの次元に対応する認識論的転倒を生み出す。これらは、体系的なイデオロギーとしても機能する。前者ふたつは、物象の社会的属性を物自身の自然属性へと還元することを通じて、物象の人格化としての私的生産者たちの振る舞いを、物一般の所有者としての自然的な振る舞いへと変換し、近代経済学に適合的な世界観を構築する。後者は、資本主義的生産様式の根幹を生産手段の私的所有にみる「所有基礎論」や資本主義的生産様式を諸制度の絡み合いによって把握する制度経済学へと体系化されていく。

佐々木は、このように、3つの層をなすという物象化における規定関係で資本主義的生産様式をとらえることにより、マルクスの物象化論の意義をより正確に照射することができるという。そして、マルクスの物象化論の意義をこのようにとらえることによって、新自由主義を乗り越えようとする運動の基本方向を、〝労働者のアソシエイトによって、物象化、物象の人格化を抑制する生産様式の変革を実現すること〟と、端的にまとめることができるとしている。佐々木によるこのような指摘は、基本的な視点を明確にしてくれてはいるが、労働者のアソシエイトの具体化をどのように図っていくのか、その実践的解明は残された課題と考えられる。

## 3　物象化と疎外（佐々木　前掲書　第5章「物象化と疎外」の要点）

ここでは、従来マルクスの変革思想の核心を表しているものとして理解されてきた疎外論（概念）について、先の物象化論についての佐々木の考察をもとに、資本主義社会の変革にとっての意義を確かめることを課題とする。その際、まずは、『経済学・哲学草稿』における疎外論が、それ以降の著作、特に『経済学批判要綱』において、どのように展開されていったかが検討の対象となる。

佐々木は、疎外論を論じるにあたって、マルクスの問題関心、あるいは理論化の目的に着目して、「疎外論には、たんに主体が疎外を通じて、自己を喪失するという側面だけでなく、物象化の下での疎外を通じて、主体が陶冶され、変革主体として形成されるという側面がある」ことを強調している。この「陶冶」への言及は、次節で検討する鈴木の「社会的陶冶論」につながる論点であり、本書全体のテーマとも関係する重要な指摘である[7]。

マルクスの疎外論については、『経済学・哲学草稿』と、『ドイツ・イデオロギー』『経済学批判要綱』での扱いを巡って、断絶か連続かという論争があるが、佐々木は、断絶説を批判すると同時に、単に連続しているというだけでなく、『哲学の貧困』でのマルクスの論などを根拠に、疎外論を哲学的・規範理論的に解釈することを批判し、啓蒙主義から「新しい唯物論」へ、すなわち実践的経済理論への移行という観点からマルクスの理論の発展を見る立場にたっている。

このような観点から、佐々木は、『経済学・哲学草稿』と『経済学批判要綱』における外化と疎外という論点で詳細な考察を進め、そのうえで、マルクスの疎外論の核心について論じ、「物象化の主体的捉えなおしとしての疎外」という理解を提示している。それは、「物象化論に基づいて、現実の疎外の発生原因を明らかにすると同時に、疎外を克服する可能性を示し、…疎外を実践的に克服するための実践的な領野を示すことにこそ、マルクスの『実践的・批判的な』理論的活動の肝がある」という理解に基づいている。

ここで、先の「外化と疎外」についての、佐々木の読み取りの要点を長くなるが引用しておく。

「外化」とは、生産者と生産物の関係を捉えた概念であるが、「単なる譲渡ではなく、私的生産者による生産物の譲渡」を意味しており、より厳密な定義としては「私的生産者が、労働生産物に対してそれを価値物とするように関り、それを譲渡すること」である。

そこでは、自由意志による交換が、物象の社会的連関とそれを媒介する物象の社会的力＝価値を生み出し、人間たちはそれに支配されてしまう。このような物象が持つ疎遠な社会的力が明示的に表現されるのが、貨幣にほかならない。疎遠というのは、交換自体は、生産者の自由意志によるものであるが、物象の持つ力によって実現されるのであって、生産者それぞれの人格は無関係であることを意味している。物の力を借りて、人格相互の関係が成り立っているということである。この「外化」が進めば進むほど、諸個人が作り出したものでありながら、諸個人から自立したより強固な物象的連関が諸個人を制御するという事態が生じる。物象相互の客観的連関が、諸個人にとっては疎遠な社会的力として現れるのである。また、この「疎遠な」という表現は、何かに対して疎遠な関係を持つ主体を想定しており、主体が客観的諸条件に対して、敵対的に関係する主体的事態と関連しているとみることができる。

したがって、『要綱』においては、「外化」は、端的に言えば、物象化であり、疎外は外化を通じて成立した物象的連関及び関係を主体の側から捉え返した概念として使用されているといってよい。

資本主義の下では、資本は労働を生産力としてわがものとする（実質的包摂）ことによって、労働者にとっては、自己の労働が、疎遠な資本の力に転換されてしまう。資本家も、物象的な関係の担い手にすぎず、主体は資本そのものであり、剰余価値の最大化を目指して進んでいく物象の運動が、労働者の労働条件、生活に決定的な影響を及ぼすことになる。さらに、事態を深刻にしているのは、「労働者はたんに資本家の指揮下に入るだけではなく、自己活動の素材的条件を制御できず、それに従属してしまう」という意味でも、資本に服属する＝資本の下へ実質的に包摂されてしまうという点である。

しかし、この深刻な事態、生産物だけでなく、自己の労働そのものも自己にとって疎遠なものとなる事態にあっても、主体としての労働者の側から見れば、先の「敵対的な関係」が現れているとみることができる。

そして、マルクスは、労働者階級に（疎外）が敵対的に現れるというだけでなく、それを不当だと判断する可能性についても述べている。さらにこの（不当だと判断することができるという、並外れた）意識は自動的に生じるのではなく、実践的運動・革命の中でのみ起こり得るとマルクスは述べている。この事態は、資本主義的生産過程における労働の疎外が、労働者を実践的運動へと駆り立てる契機となることを意味する。労働者は「叛逆的な過程に立っており、奴隷化の過程として感じるという限りにおいて、ここでは労働者は、はじめから資本家より高い立場に立っている。

このように、佐々木は、マルクスの見解に彼の疎外論のエッセンスが現れており、物象に関して疎遠な関係にあり、疎外を感ずることのできる労働者こそが物象化を乗り越える可能性をもっているとし、ここにおいて、物象化論と区別される疎外論固有の意義が明らかとなるととらえている。物象の人格化においては諸個人は物象の担い手としてのみ扱われただけであったが、疎外論においては、物象の論理が人格の論理と完全に一致することがない以上、「物象の論理が人格に対して敵対的に現れるという事態が存立せざるを得ない」ということが主題になっており、諸個人は、疎外を感受しうる、疎外を変革する主体へと成長する可能性が存するということだという。そして、この点に、物象化論との区別があるという。

以上を整理して、大要次のようにまとめられている。

『経済学・哲学草稿』でも、疎外論の基本構造（疎外された労働が、敵対的なものとして現れる）が見られる。しかし、疎遠なものとしてかかわることと、敵対的に現れることとは、別だが、その区別がここ（『経済学・哲学草稿』）では不明である。『要綱』では、「外化」と「疎外」が明確に区別されている。『要綱』においては、外化と疎外が分節化されることで、疎外論固有の意義が『経済学・哲学草稿』などと比して明確化されている。

次に、「マルクス疎外論の核心」として、先に述べた「移行」、つまり、『経済学・哲学草稿』『ドイツ・イデオロギー』から『経済学批判要綱』へと至る過程での、マルクスの思考の深化が取り上げられている。すなわち、「『フォイエルバッハテーゼ』以降のマルクスは、理念や意識をそれ自体によって乗り越えようとする発想をイデオロギーとして退け、現実を変革する実践にとっての現実的諸条件を捉えようとする『新しい唯物論』の立場に立っている」とし、「疎外概念は…理論と実践の境界に位置する概念」であって、それ故後期のマルクスは、疎外そのものを術語として使用しなかったと述べている。そしてさらに、後期のマルクスにおいては、「物象と人間との関係だけでなく、素材的世界総体との軋轢により関心を抱くようになっていた」「人格の物象に対する主体的関係を問題にする疎外論をその一部に含むような新たな変革思想へと移行していったように思われる」とするのである。「物象化論に基づいて、現実の疎外の発生原因を明確にすると同時に、疎外を克服する可能性を示し、そのために実践すべき領野を示す…ことにこそ、マルクスの『実践的・批判的』な理論的活動の肝がある」という。

このように、佐々木は、疎外と物象化の理論的関係性について、『経済学・哲学草稿』における「疎外」概念から、『経済学批判要綱』における「外化」「疎外」概念の区別への展開を、物象化論をもとに検証している。その意味では、疎外と物象化とを統一的に理解する見方にたっていると言える。これは、鈴木の議論とも重なる。また、物象の人格化という視点のもとで、物象と人格の素材的要素との軋轢をとらえ、人間と自然との物質代謝、素材的世界の持つ意味に後期のマルクスが関心を移していったと述べているが、それは、MEGAによって、『資本論』執筆と前後してマルクスが自然科学に関する膨大な抜粋ノートを残していったことを踏まえての指摘であることにも留意しておきたい[8]。

---

1　MEGAとはMarks－Engels－Gesamtausgabeの頭文字をとった略称であり、旧東ドイツで刊行されたMEW　Marks－Engels－Werke（本文1956－1968）とは全く異なった、文字通りの全集である。1927－1935全42巻中12巻刊行、1975年刊行再開。1992年に新たな編集要綱のもとに刊行が継続される。そこでは、徹底的な「編集の学術化、すなわち脱政治化」と「文献学の優位」と「編集の国際化」、マルクスとエンゲルスの思想の「歴史的文脈化」が特徴となっているという。ちなみに日本語版『マルクス＝エンゲルス全集』（大月書店　1959－1991）は、「全集」と銘打っているものの、ドイツ語版の「著作集」であるMEWを翻訳したものにすぎないという。（以上、隅田聡一郎「MEGA研究の現在」唯物論研究会編『唯物論研究年誌23号』大月書店2018所収　より）

2　より詳細な説明は、以下の通り。
物象については、商品概念がその基本となっている。資本主義社会においては、生産者は個々に私的生産を行い、生産物の交換を通して、はじめて相互の関係（社会的関係）を結ぶことができる。そこでは、生産者相互ではなく、生産物が相互に社会的関係を結ぶのであって、この社会的関係を結ぶ力を持った物、生産物＝商品を物象と呼ぶのである。商品については、その価値が物としての自然的属性ではなく、生産に投入された労働によるものであると考えられており、具体的な使用価値を生む労働ではなく、一定の労働量が投入されているという意味で、抽象的人間的労働が価値の実体であると説明されている。

ここでは、ひとまず、『資本論』第一章（商品章）から要点をまとめた。より厳密な定義が必要となるが、あらためて示すこととする。

3　ルカーチについては、フランクフルト学派の諸論と同様、従来の否定的評価については、それを見直す論調が近年活発になってきているように思われる。

4　佐々木のいう〝次元〟とは次の３つである。

①無意識の形態論理とその現象の次元（狭義の物象化）②物神崇拝の次元（現象が意識において転倒して見える）③実践的態度の次元（素材に対する人間の態度や人格相互の承認の在り方の変容）

5　これらの理解、説明において用いられている、「形態」という概念は、実体概念とあわせて、用語法として正確な理解が必要であるが、これについては、鈴木敏正が『経済学批判要綱』を参照しつつ、独自の解明を行っている。このことに関しては、実体、本質、属性、主体など、基本的な概念について、鈴木の論の検討の箇所で扱う。

また、「社会（的）」という用語も、人間が歴史的に形成してきた諸関係・諸制度総体というよりも、諸個人相互の関係そのものといった、きわめて基礎的・原理的な概念として意識的に用いられていると理解することが適切と思われる。

6　『資本論』第四章第三節、『21世紀に生きる資本論』6章、鈴木２０２０．４　ｐ．１５４参照）

7　陶冶という言葉を佐々木が使っているのは、前掲書（２０１８）のｐ．２４８と２４９においてで、『経済学・哲学草稿』や『経済学批判要綱』からの引用ではなく、註として『資本論体系1』の平子論文（『資本論』の弁証法）が挙げられている。陶冶概念そのものについても、マルクスによる用法と、教育学、あるいは哲学用語としての意味合いについては、独自の検討が必要である。

8　『経済学・哲学草稿』『ドイツ・イデオロギー』『経済学批判要綱』等に基づく、マルクスの疎外論、物象化論の検討から導かれた、理論的帰結が、ＭＥＧＡに基づく新たなマルクス像によって補強されたという関係として見ておきたい。

## 第二節　疎外論から主体形成論へ

### 1　『資本論』における「実体」概念と「社会的陶冶過程」について

（鈴木敏正『主体形成の教育学』（２０００）第四章「実体としての人格」の「社会的陶冶過程」の検討（第四、五節を中心に）

ここで問題とされているのは、マルクス（『資本論』）における価値概念であり、資本主義的生産様式において、商品がとる価値形態の理解のために、実体と属性というスピノザの概念が援用されている。鈴木の論においては、人格概念にかかわっても、この実体概念は鍵となっている。商品が資本主義的生産様式においてとる形態、その運動を解明するために、実体概念が鍵となっているように、資本主義的生産様式、あるいは、現代社会における人間存在の多面的性格を理論的に把握するために、実体、本質、そして人格論においては、特に主体の概念が重要であるという。鈴木は、実体概念の有効性を確認するために、スピノザの概念そのものにも触れつつ、マルクス、特に『資本論』において、実体概念がどのように扱われているかを、『経済学批判要綱』（以下『要綱』と略）も踏まえることによって、より詳細に検討している。

鈴木が、論拠としていると思われる『資本論』（第一章第三節）におけるマルクスの論の展開を踏まえると、鈴木が「実体」として問題にしているのは、商品における価値を構成している（実現している）のは何かということだと思われる。それは、人間的労働から、使用価値を生み出す具体的有用労働の側面を捨象することによって生み出されるものに他ならない。

マルクスの商品論においては、生産労働、商品体の感性的に捉えられた対象性、等価物など、「形態」とは異なる概念が用いられており、商品の論理を表現するための形態概念とは異なるその概念を、実体と規定することは、そのさらに下位の構成概念を、属性、様態として説明することを可能にする方法として、理解することはできよう。

それが、「スピノザの実体―属性―様態という論理をマルクス的に再解釈したものといえる」かどうかは、スピノザの論についての独自の検討を踏まえねばならず、「スピノザ由来」となると、さらに、スピノザ以後の哲学の流れについての考察が必要となる。それが、鈴木によるマシュレとドゥルーズ、そしてネグリの所論の検討で十分であるかも、検討の余地があろう。

鈴木は『資本論』においても実体論が生きていることを確認し、『資本論』においては、経済学批判という本来(全体的)目的からすると、商品生産から始まる人間的労働の形態論的展開が中心であるが、それが、実体論(実体と形態の矛盾関係)として展開されているところをとらえ、人格の実体としての「諸能力の総体」という論点へとつなぐことができると考えている。

つまり、鈴木が『要綱』、『資本論』の展開過程に踏み込んで、従来重視されてこなかった実体論に焦点をあてたのは、マルクスを教育学・人格論に理論的につなぐためであり、「主体形成への基本的条件としての社会的陶冶」論を、人間の労働―歴史的社会的視点を踏まえた(資本主義社会における)人格発達(教育)の議論として展開するための、壮大な寄り道、とはいえ、必然的、不可欠なそれであったということなのである[1]。

このように、鈴木による詳細な検討は、『資本論』と合わせて、『要綱』を検討の対象におくことで、実体論がマルクスにおいても重要な役割を担っており、そのことで、人格論への展開が可能となるという趣旨が基本である。

次に、「『実体としての人格』論の視点とアスペクト」についての箇所の要点をたどり若干のコメントを加えておこう。

ここでは、実体論が中期(『要綱』)のマルクスの論の理解にとって重要な役割を果たしていることの確認を踏まえ、教育学の立場(主体形成)から「人格」を実体論的に把握する重要性を確認することが課題となっている。そして、ここでは実体論を、「共同体論」「システム論」「人格論」の3つの視点から説明している。なぜ、この3つなのか、それぞれの意味するところ、相互の関係を確かめておく必要がある。この確認に関わる展開をみると、鈴木のマルクス(『要綱』『資本論』)理解を前提とした簡潔な説明となっているので、前節同様、行間を補いつつその展開をあとづけてみたい。

はじめの「共同体論」的視点については、尾関周二の「主体―実体関係」という論理レベルで、自然―人間―社会を捉える枠組みを分析してその有効性を認めつつも、〝資本主義社会の総体の概念的把握〟という視点を離れては抽象的・一般的に過ぎるものとなってしまうとして、「システム論」的視点が必要になるという。

この展開は、鈴木の関心あるいは、「実体としての人格」の社会的陶冶という枠組みを提示しようとする目的(課題)に基づいて、資本主義社会、とくにその総体を概念的に把握することが必要だという考え方によって導かれるもので、「システム論」的視点は、「社会の総体を概念的に把握する」ための方法として提起されているとみてよいであろう。

そして、マルクスの理論自体も、「システム論」的視点が貫かれており、鈴木はそれを「歴史的総体主義」と呼んで、ポスト構造主義（マシュレ）、ポストモダン論との違いを指摘している。

このマルクスの「システム論」的視点は、「生産」を基軸にし、絶えず新たに生産から出発する「総体」として把握されていると要約され、資本主義社会（経済）における商品や資本（価値）の運動を一般化した表現ととらえており、そのような視点が「個人と社会の関係の理解においても貫かれる」という。そこでは、マルクスの経済学批判（『資本論』）における考察の対象である資本に対置される、「労働する個人」＝社会的連関の中にある「社会的個人」こそが根源的実体であると説明されている。この説明は、かなり〝説明〟を要する。つまり、『資本論』における商品章における価値形態論や資本の流通過程における、貨幣から資本への展開の内容に即した読みが必要である。筆者なりの読みは次のようなものである。

商品の価値の実体が、抽象的人間的労働であることが『資本論』商品章において詳しく説明されており、それは『要綱』においては、「対象化された労働」とされていた。この商品の価値は、生産の過程において、一般的等価物の形態を経て、貨幣に、そして、さらに本源的蓄積の過程を介して、資本へと転化していくとされる。労働者は、資本に包摂されることによって賃労働者となり、その限りで、社会的関係を取り結んでいる。

したがって、〝社会的関係〟という用語は、人間集団における諸個人相互の関係という一般的意味合いではなく、私的生産者が商品を介して取り結ぶ〝関係〟、そこから展開した資本に包摂された（賃）労働者相互の関係と読んでおかねばならない。

そのような関係における諸個人が〝根源的実体〟であるというのは、前資本主義的社会における諸個人が、商品（生産）を媒介とすることなく、直接的な関係（人格的関係と表されることもあるが）を共同体（社会）において持つことに対比されるとらえ方であろう。つまり、あくまでも、商品生産社会（資本主義社会）に固有の実体としてのそれ、あくまでも、歴史的社会的存在としての諸個人である。

続いて、「この根源的実体としての労働する個人が、教育学の出発点としての〝実体としての人格〟であり、そうした意味（歴史的社会的に規定された個人）での諸人格が、主体になりゆく過程を解明することが教育学の基本的課題となるのである」と言っているが、これは、現代＝資本主義社会における教育学の基本的（歴史的社会的）性格についてのとらえ方に他ならない。より一般化すれば、ある歴史的社会的段階における社会的存在としての実体としての人格が、主体へとなり行く過程を解明し、その過程への働きかけのための、方法・内容を体系的に明らかにしていくことが、教育学の課題であると言い換えることができるであろう。その際、過程の主体である（となる）ことの、理論的説明の枠組みを提供し得るのが、マルクスによる価値形態論、流通過程論であり、そのベースとなっている実体論であることが銘記されていなければならないということなのである。そして、その実体概念は、スピノザの実体―属性―様態概念をふまえ、さらには、ヘーゲルのスピノザ批判、マルクスによるヘーゲル批判を含んでいることも。鈴木もこの点について「その基本的な論理は、主体としての労働の展開過程とみていたところである」と確認している。

次に、「主体としての人格論」の射程を再確認するならば、「存在・関係・過程」の３つのアスペクト（側面）からそれは確認できるとして、この３つのアスペクトによる「主体としての人格論」の説明に入る。

まず、存在としての側面では、自然的存在＝対象的存在としての側面から考え、「現実的な諸個人、可能性としての『諸能力の総体』として」規定している。これは、マルクスの、〝人間的自然〟などの理解を基礎としていると思われる。このマルクスによる理解に関連して、鈴木が特に注意を促しているのが、資本主義社会において諸個人は賃労働者としての人格の側面を持っているので、対象的諸条件から切り離された(生産手段を所有せず、生産物も所有できない)抽象的な「労働力能」として存在しており、この賃労働者としての社会的実体は、いわば否定的に立証されているという点である。

賃労働者は、人格としては一般的抽象的可能性としてあるにとどまり、「対象的自然としての生産手段と現実的にかかわることによって」、「生きた労働」となるという点を、マルクスから引用している。つまり、具体的な生産労働の場面そのものにおいては、素材に働きかけ、生産物を生み出すという行為において、「生きた労働」となっているということである。

このあたりの展開、マルクスからの引用は『経済学・哲学草稿』の「疎外された労働」の内容が基本になっていると思われる。「否定的立証」の裏返しとして「生きた労働」について言及され、人間と自然の関係論へと移り、その中でも、〝所有関係〟による媒介が、特に、資本主義社会におけるそれが、問題とされている。そして、資本主義的生産関係の外における、自立的人格においては、自由や自己実現の可能性が担保されることは当然であるが、資本主義的生産関係の中にあっても、自由時間の増大による「豊かな個性」の発展の可能性に言及している。そして、「生産活動そのものを自由な活動、労働者の自己実現的な活動として組織化すること」の重要性もおさえている。この論及は、『資本論』第一三章での大工業における「部分的個人」の「全体的に発達した個人」への置き換え、「総合技術及び農等の学校」の部分とも関係している。

さらに「実体としての人格」論を「過程」において理解する視点が重要となるという指摘があるが、そこでの展開では、上記の大工業・機械の導入による労働過程における労働の抽象化の議論に言及している。

以上のような、「実体としての人格」論の射程を踏まえて、「社会的諸関係の総体」＝「本質としての人格」論の必要性に論及する。

そこでは、「本質としての人格」は、労働過程〈労働能力→労働→生産物〉という実体過程に照応した（商品所有関係）→労働組織関係→分配関係を基軸としたものとして検討されるという。そして、教育学的に人格を捉えるときには、労働以外にも拡げて、人間的諸能力→活動→仕事（生産物・作品→社会的諸関連）という枠組みの必要性が提起されている。そして、さらに、この流れが学習論へと適用されていくこととなる。

## 2　社会的陶冶論としての『資本論』について

（鈴木『21世紀に生きる資本論』２０２０年　第6章　をもとに）

前項では、実体としての人格概念に焦点をあて、『要綱』『資本論』における価値概念、人間的労働、労働者といった基本カテゴリー、資本主義的生産様式、あるいは、現代社会における人間存在の多面的性格の理論的把握についての議論をみてきた。

本項では、その後20年間の諸論稿を経て、特に近年のＭＥＧＡに基づくマルクス研究の進展をも踏まえた、社会的陶冶論としての『資本論』の理解に基づく、現代社会における社会的陶冶と社会的協同実践の構造化についての鈴木の論の要点をおさえ、その展開の妥当性を検討しておきたい。

鈴木は、「『自己疎外』は、人間諸個人が自己の潜在的諸能力を発揮する振舞い、行動を通して発現するもので、疎外された形態であれ、諸個人の自己実現と相互承認の過程、それゆえ、社会的陶冶過程の契機を含む」という理解のもとで、『資本論』における社会的陶冶過程の一貫した展開論理を捉え、その現代的意味を明らかにするという課題を示し、前項で検討した2000年の『主体形成の教育学』第4章を、その後の研究を踏まえて、『資本論』第一部に即して再検討したと述べている。

ここで示されている理解、特に自己実現、相互承認という用語は、ヘーゲル『精神現象学』における自己意識論に発するものでありつつ、「社会的陶冶過程」の契機が自己疎外に含まれるという理解は、佐々木（2018）の次のような指摘にあるように、物象化論につながるものでもある。

「外化」（生産物を商品として交換関係に入る）において、諸個人は、生産物（物象）―労働と疎遠な関係となる。この過程を主体の側から捉え返した時、疎外という概念を措定できる。その際、労働者にとっては、敵対的な姿で現れ、不当だと判断する可能性も生まれる。それゆえ、労働者にとって、疎外を変革（克服）する主体へと成長する可能性が存する[2]。

この「不当だと判断する可能性」が生まれ「主体へと成長する可能性」が存するとする一連の過程を鈴木は、〝社会的陶冶〟という語（概念）とらえている。つまり、佐々木のいう「主体へと成長する可能性」を生む過程を、「社会的陶冶過程」と規定しているのである。

この定義・規定を念頭に、以下鈴木の論の展開を追ってみよう。そこでは、鈴木によるマルクスの基本概念の理解とそこからの展開が示されている。

## 『資本論』と自己疎外＝社会的陶冶論（6章1節）

ここでの作業は、『資本論』を、あらためて変革主体形成論として読み直す試みであり、その前提が、貧困論であるとしている[3]。

まず、マルクスの思想研究の中核は、疎外論と物象化論であるとし、重要なことは、両者を統一して体系的に構成することだという。佐々木（２０１８）に依拠すれば、この提起は不正確であろう。『要綱』以降マルクスは、〝疎外〟概念は用いず、「新しい唯物論」の立場で、具体的、実践的検証の枠組みに移行したと述べているからである。

鈴木の〝体系的構成〟の出発点は、『資本論』第一部「資本の生産過程」では、商品・貨幣・資本という物象の展開論理が前面に出ているが、それを主体としての労働者の側から見れば、自己疎外過程であり、両者（物象化と自己疎外）は、統一的に理解されなければならないというところにある。物象の展開論理を労働者の側から捉えるという視点は、佐々木と重なっている。

このような理解を前提に、次節では、自己疎外論と物象化論それぞれの独自性と相互関連、そこで展開される社会的陶冶過程の検討が行われている。

## 貨幣の Wie いかにして Warum なぜ Wodrch なにによって Was なにか（6章2節）

ここでは、如何にして貨幣が生まれ（価値形態論）、何故生まれるか（物神性論）、何によって生まれるのか（交換過程論）、そして貨幣そのものは何か（貨幣論）という観点で、『資本論』第一部第一篇を捉えることができるとしつつ、次の表4－1「商品・貨幣論と近代的人格関係の展開」が示されている[4]。この表には、資本主義的生産関係における生産物・商品・生産者の関係についてのマルクスの論の展開を、近代的人格に焦点をあててみた場合、どのように読み取ることができるかという、鈴木の理解が示されている。

基本となる『資本論』の記述は、第一章第三節「価値形態または交換価値」の「2 相対的価値形態 a 相対的価値形態の内実」の末尾「商品Bの身体が商品Aの価値鏡となる」という本文とその注の部分である[5]。鈴木は、私的生産物である商品（物象）相互の関係と、その関係に対応する人間（人格）相互の関係を重ねて捉えることによって、資本主義社会である近現代社会における人格を、その実体、本質や、主体として規定しようとしていると思われる。

こうした理解に基づき、次の一文がある。「展開された形態」、すなわち、個別の商品相互、一対一の関係ではなく、諸商品相互が結ぶ関係全体に、個人間の関係ではなく、諸個人（諸人格）相互の関係全体を重ねて、「自己の価値を他の商品の使用価値で表現・実現すること、すなわち人間（商品・貨幣的世界における人格）として自己表現し、その価値を多様に実現するという関係だと理解することができる」という指摘である[6]。

さらに、この〝展開〟過程を人格に即してとらえ、一般的価値形態（諸商品とは独立して、価値を表現する

表 4-1　商品・貨幣論と近代的人格関係の展開

| | 商品・貨幣関係 | 近現代的人格 |
|---|---|---|
| 実体 | 抽象的・人間的労働 | 人間的諸能力の総体 |
| 本質 | 社会的労働＝価値 | 社会的諸関係の総体 |
| 価値形態（Wie） | 簡単な形態<br>展開された形態<br>一般的価値形態（→貨幣） | 自己＝他者（回り道）<br>自己表現（実現）<br>主体＝私的人格⇄国家・神 |
| 物神性（Warum） | 物象化・物化・物神化<br>（人格の対象化） | 意識における自己疎外<br>（物象の人格化） |
| 交換過程（Wodurch） | 私的所有者による商品交換<br>貨幣商品の排除 | 法的人格（意思主体）<br>主体的人格による社会契約 |
| 貨幣（Was） | 価値尺度 | 能力形成・評価 |
| | 流通手段 | 人材配分・移動 |
| | 貨幣そのもの<br>（世界貨幣へ） | 社会的・国家的統合<br>（市民と公民の分裂） |

（鈴木 2000.4　p.153 の表を縦に変更）

実体）に対応する「自立的自己」が想定されているが、この「自立的自己」は、社会全体に対立した「私的（疎外＝剥奪された）諸人格」であり、その対極には「人間的本質」を（ある歴史的社会的段階において社会的諸関係を）体現する「国家あるいは神」が示されている[7]。そして、この関係が、「物象的依存関係の下での人格的自由」の出発点であるとされ、続いて、交換過程に対応する人格として、「法的人格」がおかれる。そして、法的人格に関する多様な自由の理解が成り立つとして、「社会契約論を媒介として、『意思関係としての法的関係』を本質として理解し、『永遠の正義』『永遠の公正』『永遠の相互扶助』などの理想を実現しようとするプルードンの主張」、「福祉国家を支えたリベラリズムの立場から『公正としての正義』を主張するJ．ロールズ」を例示している。この例示は、「自由・平等・所有・ベンサム」の論理を一般化する諸論を含めて、物象化による問題を視野の外において、資本主義社会において、「天賦人権の真の楽園」が実現するという、〝自由論〟の限界を批判的に示すためのものであろう。

自由論に関するこの言及は、紙幅が限られたもとでのコンパクトな記述であるが、リベラリズム論の本質・限界を理解するうえで重要である。それは、新自由主義のもとでの、資本の自由の全面化と諸権利の抑圧を告発し、「批判の自由」「創造の自由」「協同の自由」など、鈴木が、自己疎外の克服過程で求められる自由も含めた自由論の展開にとって不可欠の視点であり、物象化には触れているホネットの承認論も批判の対象となっている。

表４－１に示されている以上のような観点を踏まえ、物象化を自己疎外過程と結び付けて理解して、実践論的な世界との関りを具体的に示すことが重要と指摘している。

## 物神崇拝と「意識における自己疎外」（6章3節）

本節と次節「物象化＝自己疎外の展開としての『資本の生産過程』」は、鈴木の社会的陶冶概念の根拠を『資本論』に求める理解の要となる内容であるので、詳しく議論を追ってみよう。

鈴木の行論の基本は、「価値形態論を総括する物神性論（『資本論』第一章第四節）で、物象化論が展開されている。これを、自己疎外論と相即するものとして理解することによって、社会的陶冶論ととらえなおすことができる」という一文に、集約されている。この理解では、重層的に展開する物象化、物化、物神崇拝を区別と連関において捉え、それらに照応して、自己疎外過程が展開するものと考えられている。

ここでは、物象化論そのものの理解が問われているので、鈴木も「興味ある指摘」として引用している佐々木隆司隆治と平子友長を参照しつつ、鈴木の理解の妥当性を検討してみよう[8]。

平子は、3つの段階で理解している。すなわち、〈1〉人と人との関係が、モノとモノとの物象的関係に転倒する論理（物象化1）〈2〉モノとモノとの物象的関係が、モノの社会的自然的性質に転倒する論理（物象化）〈3〉人と人との生産関係が、最終的に、社会的性質を内在化させた、モノとモノとの物象的関係に転倒する論理（物象化2）。

佐々木は、3つの次元で理解している。すなわち、〈1〉人格の物象化〈2〉意識における認識論的転倒（物神崇拝）〈3〉物象の人格化（人格が物象の単なる担い手に）あるいは実践的態度（人間の素材に対する態度）。鈴木の論は、この二人の理解について、「これらを踏まえつつも」という言い方で、やや批判的ニュアンスになっているが、〝批判〟の内容は示されていない。また、次の〝認識主義批判の視点〟も意味するところは不明である[9]。

次に、表4－2のような照応関係で、「より具体的にとらえてみたい」という意図がどこにあるのかの確認が必要である。この点については、表4－2の読み取りとして、次節であらためて検討することにして、本節の展開に戻ろう。

ここで、ヘーゲルの『精神現象学』がかなりの重みをもって参照される。それは、資本主義的生産様式のもとでの、人格（人間）という存在論的な視点から、「自己疎外」、およびその克服としての自己実現・相互承認という議論に展開するために、人間の意識についての理解（認識論的観点）が焦点となることによると思われる。鈴木は、「マルクスが、『経済学・哲学草稿』におけるヘーゲルの『精神現象学』批判を通して、「疎

表4－2　商品・貨幣論レベルでの物象化と「意識における自己疎外」

| 物象化・物化・物神化 | 意識の自己疎外 | 対応する現代の実践例 |
|---|---|---|
| 商品 | 主体 | 『資本論』学習 脱商品化 |
| 生産物 | 理性 | 産直 地産地消 地域づくり計画 |
| ・・・ | 自己意識 | スローライフ 子育て協同 地元学 |
| 物象 | 悟性 | 近代経済学 学習 市場調査 |
| 物 | 感性 | 商品分析 生協運動 |
| 物神 | 超感覚的世界 | 消費者運動 里山資本主義 |

（鈴木2000．4 p．156の表を縦に変更）

外された労働」論に到達した経過を踏まえて、『精神現象学』を「意識における自己疎外」の克服過程＝社会的陶冶過程として読み直し、それを物象化、物化、物神化の動態過程と重ねてみたい」という大胆な提起をしている。その内容を表したのが、表4－2であり、その前提となっているのが、本節冒頭で示されていた、社会的陶冶についての基本的理解である。

この表は、以下のような、ヘーゲル『精神現象学』の展開に対する批判を含んでいる。ヘーゲル批判の論点は、次の3つである。（1）自己意識論で「奴隷の労働における陶冶」を論じている　（2）「観察的理性」における個体性や仕事の論理によって「労働」を事実上理解している　（3）人倫的世界（市民社会）を「精神論」として展開している　それぞれに対する鈴木の批判は、（1）協業を通した相互承認を位置づけていない　（2）「行為的理性」を道徳主義的に理解し、社会的実践を「立法的・査法的理性」の視点からしかとらえていない　（3）この展開自体が誤りであるの3点である[10]。

ここで、ヘーゲルの『精神現象学』の解説文献を参照しつつ、鈴木の論を追ってみると、「主体形成とは、主体としての人格が、実体としての人格の目的である自己実現（諸能力の発揮と他者によるその承認）と、本質としての人格（社会的諸関係の総体）の目的である相互承認というふたつの過程を、自己の統制のもとに意識的に編成することである」という主体形成の理解は、ヘーゲルの、人間の欲望の本質は「自己の自立性（＝自由）」についての自己確信（確証）であるが、この確信（確証）には、〝他者の承認〟が必要という考え方が下敷きとなっていることがわかる。そこに、実体、本質、主体という、人格の三つの規定を重ねることで、自己実現と相互承認により、自己を形成（編成）する主体という関係が示されている。

さらに、人格を歴史的範疇として把握することを意図して「近現代的人格」を置き、近代＝資本主義的生産様式が支配的となった社会において、賃労働者における労働の疎外と、人間としての自己疎外（＝意識における自己疎外）の論へと展開していって、物象化論と社会的陶冶論の統一が図られている。

ここで、表4－2に即して、「意識における自己疎外」の克服＝社会的陶冶過程は、感性による物の把握から始まって、「存在としての経済学」（＝『資本論』のことか）によって理解される商品の理解へと至る道筋であり、それは、表の右端の列で示されている、〝社会批判〟（物象化・物化・物神崇拝）がたどる道筋と同じであり、その到達は、商品（理解）にまで至るという、鈴木の説明に戻ってみよう。

これは、鈴木による、人間精神／意識の運動の理解であり、ヘーゲルを下敷きとしつつ、ヘーゲルの所論全体がもつ限界への批判となっている。ヘーゲル批判の要点は、（1）主―奴論（B－Ⅳ 自己意識）（2）観察的理性（C－5－A理性）（3）人倫的世界（BB精神－A－a）のそれぞれに即して、簡潔に述べられている[11]。

続いて、マルクスによるフォイエルバッハ批判、そして、その批判に立った「実践的＝批判的な」活動という、マルクスが到達（転換）した理論的立場について述べ、表4－2で3列目に「対応する現代の実践事例」を示したのは、〝あてはめる〟ためではなく、「実践的＝批判的」活動の立場に自らも立っていることの表明のためと述べている。

さらに、佐々木の論における「素材」の視点の有効性を認めつつも、「現実的に労働する個人の立場から、私的労働の矛盾を乗り越えていくのは、「協働労働の実践であり、それらに基礎づけられた、社会的協同

(assoziation)である」と述べ、「素材」の視点に、「協同実践」「社会的協同」を加えている。

この「協同」の視点を加えることの意図は、「素材」の視点に対置させるためではなく、「人格に即して」「私的個人と社会的個人の矛盾」を克服する「協同性」を際立たせ、「市民と公民の分裂」を乗り越える「公共性」を提示するためと思われる。それは、主体による自己実現・相互承認の編成という、人格論、さらには、(社会)教育学—学習論的な視点が働いてのものであると思われる。

以降の段落では、物神崇拝に関わるマルクスの言及(『資本論』第一章四節　商品の物神性とその秘密)を引用するとともに、さらに、アソシエーション論へとつなぎ、今日、先駆的に取り組まれている地域づくり実践において、展開・実現されていっている〝協同性〟の意義を示している。

それは、「『アソシエーション』は単なる将来社会像ではなく、資本の展開が現実的・必然的に生み出すもので、社会的陶冶過程として理解される必要がある」というくだりに、明確に見てとることができる。

以上のような、ヘーゲル批判、マルクス理解については、次のようなより詳しい説明がされている。

自己意識の立場は、生活の在り方を見直し、人間らしく生きるための環境づくり、地域に根ざした生活様式へ、「悟性」の立場は、物象的関係の運動論理を捉え、より合理的な選択へと向かうものである。しかし、現代においては、「物神化」が進んでいるため、「まずは、感性で商品の使用価値を捉え、位置付けることから始めることになる。それは、消費者運動や生協運動からはじまり、商品の経済学的理解に至る過程である。「感性↓悟性↓自己意識↓理性」と展開し、「労働の論理」を発見し、「経済学」によって理解される、商品の理解に至る。

続いて、物神性、労働する諸個人の根源性、商品・貨幣の世界への批判的視点としての「素材の視点」についての鈴木の理解が示され、それらを踏まえて、「協同性」、「市民と公民の分裂」を乗り越える「公共性」、「自由な人々の連合体」としての「アソシエーション」へという展開を社会的陶冶過程として理解する必要性が説かれている。そのような展開を考えるうえでも、従来不十分であったと鈴木が考える、『資本論』第一部における物象化＝自己疎外論に即しての検討が次節で行われる[12]。

そこへ進む前に、上記の物神性、労働する個人の根源性、共同性・公共性といった論点を確認しておこう。

物神性については、表4－2の右端の列に示されているが、「物神性が高まれば、使用価値としての側面は全く見えなくなり、特に貨幣（金融商品）は、超感覚的世界にあるものとして、感性ではとらえられない「神」となると説明されている。つまり、「人間の頭脳の産物」が「自律的姿態」のように見える物神崇拝が生まれる…それは、物象化の展開の極限であり、本章では、これを「物神化」と呼ぶとしている[13]。

「労働する個人の根源性」については、労働を「感覚的・活動的な活動、実践として、主体的に」「実践的・批判的な」活動として捉えなければならないという、ヘーゲルを批判したフォイエルバッハへの批判をぐっていることが示されている。

商品・貨幣世界への批判は、「価値と使用価値」「私的労働と社会的労働」の矛盾の克服に向かわざるを得ないとし、「素材の視点」からする批判の根拠として示されているが、加えて「私的労働と社会的労働の矛盾」

を乗り越えていく「協同労働」の諸実践、特に「社会的協働、広義のアソシエーション」に注目している。ここには、すでに紹介したように、マルクスの「自由な人々の連合体」としてのアソシエーション概念が重ねられている[14]。

## 物象化＝自己疎外の展開としての「資本の生産過程」(6章4節)

ここでも、自己疎外＝社会的陶冶過程の展開構造についての鈴木の理解が表4－3の形にまとめられ、理解の根拠となる『資本論』の該当内容の要点が示されている。

表に対応する資本論の第二篇貨幣の資本への転化、労働力商品以降の内容は、第三篇絶対的剰余価値の生産から第七篇資本の蓄積過程で、ここまでで、第一篇商品と貨幣以下『資本論』第一巻の全体であり、それを一つの表にまとめ、自己疎外、社会的陶冶過程に対応させているので、本節での説明内容も、きわめて圧縮した形、あるいはごく一部の抜粋で、『資本論』第一巻(第一部)の内容の要をとらえようとするものとなっている[15]。

この表を踏まえて、自己疎外＝社会的陶冶(過程)という鈴木の規定にかかわる、『資本論』の読み取りが示される。

それは、「『疎外論から物象化論へ』論者たちが主張するところとは異なり、『資本論』第一部は、『疎外された労働』の『4つの規定』そのものである。それ故、自己疎外＝社会的陶冶過程として読み取ることが可能なのである」というものである。表4－3で、社会的陶冶過程＝「社会的協同」の展開の実践例として挙げられている内容は、このことの重要性を強調するためとされている。特に、総括にあたる「蓄積論」＝「人間による人間からの疎外」には、「階級関係の再生産の論理」が現れており、その基本論理は、富と貧困の蓄積、相対的過剰人口の形成であるという。それゆえ、「新自由主義＋新保守主義＝構成主義」、自己責任論、ゼロトレランス論との闘いが、労働者階級にとって決定的な重要性をもつことになると指摘している。このあたりの論の展開が、「社会的陶冶論」の根拠にとって重要である。

『資本論』第一部（資本生産過程）が、『経済学・哲学草稿』で示されていた「疎外された労働」の「4つの規定」の展開過程そのものであるという〈疎外論と物象化論の統一〉の観点・理解が妥当かどうか、それが認

表4-3　『資本論』第一巻第二篇以降と自己疎外＝社会的陶冶過程の展開構造

| | | | | |
|---|---|---|---|---|
| | 生産手段所有 | 社会的労働組織 | 社会的富の配分 | 階級関係の拡大再生産 |
| 物象化 | 労働力商品 | 剰余価値生産 | 労賃 | 資本蓄積 |
| 自己疎外4規定 | 類的存在からの疎外 | 労働からの疎外 | 生産物からの疎外 | 人間の人間からの疎外 |
| （社会的陶冶）社会的協同 Assoziation の実践例 | （生活の論理）人格＝社会権、ジェンダー、生活・文化構造、環境・教育運動 | （労働の論理）ワーカーズコープ コレクティブ、社会的企業、労働の人間化 | （再分配の論理）労働組合運動、最低賃金、ベーシックインカム、福祉国家的脱商品化 | （連帯と承認の論理）世界社会フォーラム 持続可能で包容的な地域づくり、地域生涯教育公共圏（自治）形成 |

められれば、全体の「それ故」という、自己疎外＝社会的陶冶過程としての読み取りも妥当なものとなりうる。表４－３最左列の実践例は、その実際的な例証として示されている。そのあと4節終盤の展開が、「人間の人間からの疎外」論に絞られているので、そこの確認が必要である。4節の最後では、次節での実践論展開への導入として、次のように述べられている。

…「富の蓄積」と「貧困の蓄積」の内的連関は、「経済的諸法則を知ることによって、初めて明らかにすることができる」…今日の非正規労働者問題、ワーキングプア、アンダークラスなどの問題を、この〝貧困の蓄積〟─〝経済の諸法則〟的理解において、捉える必要がある。…この問題の性格（疎外・階級関係の拡大など）が、〝社会的承認への運動〟を生み出す。この運動には、国際的連帯も必要である。

グローカルな視点から、（階級を越えて）「計画的協力を組織」すること、社会的陶冶の各領域を結ぶ、「連帯」の組織化が基本的課題となっているというのである。

**現代社会における社会的陶冶過程と社会的協同実践（6章5節）**

ここでは、真木悠介（見田宗介）とD．ハーヴェイの論を参照しながら、物象化論と疎外論の区別と統一の観点に立って、現代社会の経済構造だけでなく、組織形態、意識形態に至るまで視野を広げ、社会的陶冶論を位置付けた「現代社会論」を展開しようとしている。

ハーヴェイについては、彼が疎外概念を「政治運動の基盤となり、それを活性化」させているような何らかの〝触媒作用〟を持った概念として位置付けて、将来社会論を展開している点に注目している。鈴木がこの章で提起した「総体的自己疎外」の視点から(現代社会の構造とそこにおける矛盾、運動方向など)構造的に、「多様な疎外」(ハーヴェイは、17項目)を把握しなおす必要を述べ、『資本論』第一部(基本的な矛盾)に即した提起としたいとしている。

なお、ハーヴェイも「反資本主義的活動を通じて世界を革新的に変化させ、多様な人々が存在する別種の場所を実現するために」として、「世俗的な革命的人間主義」を提起している。それは、「人間であることの証として、不変で所与の〝本質〟が存在するという考え方を否定しており…どのようにして新しい人間になるべきかについて真剣に考えることを迫る」ものであると述べている。そして、マルクスの『経済学・哲学草稿』と『資本論』の統一という観点を示している。さらに、世界変革についての矛盾の核心である、すべての人にとって例外なく幸福を実現することの限界(敵対する利益の存在)に触れ、「人間性の再構築」と「人間であることに付随する意味の根本的変容」の必要性という、F.ファノンの論を引いている。ファノンからの引用を見ると、暴力の問題に焦点をあてて、その必要性を認めつつも、同時に危険な影響に目を向け、哲学的な回答が必要としている。しかし、この回答は困難であり、唯一の希望として(資本による支配によって生み出されている)「この腐敗過程が進行しすぎて人間の損傷と環境上の損害とが修復不可能なまでに大きくなる前に、人類の多くが、その危険を理解することである」という理解、希望の根拠として「資本の領域の中には抑えがたい諸矛盾が存在すること」を挙げている。まさに、〝人間と自然との物質代謝〟における軋轢への着目であり、資本主義の本質をついていると思われるが、ハーヴェイ自身は、そこまであえて論究せず、〝矛盾〟の指摘にとどめている[16]。

『資本論』第一部（1～5章）を踏まえた鈴木の提起の内容は、表2－5（本書第一部2章2参照）で示され、そこでは、ハーヴェイの「連合した個人、集団」「人民連合体」の重視を踏まえつつ、「社会的協同」の実践の提起となっている[17]。

表2－5では、「資本と国家の展開が生み出す自己疎外＝物象化過程とそれに規定された現代的人格の多面的側面を踏まえているという前提の下、現代的人格―現代的人権―社会的協同と、「21世紀の学び」という文脈で、「社会的協同と学習」の展開こそが、今日における社会的陶冶過程であるという観点が、再確認されている。そして、その基盤として、「自然―人間関係の展開としての物質代謝過程と生活過程、生産力形成過程」に言及し、今日、分散的で、相互の繋がりは弱いもの「すでに始まっている未来」への実践が存在しているとしている[18]。

## 小括

以上、マルクス『資本論』における、疎外論と物象化論、それを鍵として現代社会における（変革）主体形成の理論的根拠としての、社会的陶冶論について、佐々木隆治と鈴木敏正の論に絞って、その要点を押さえ、妥当性を検討してきた。

資本主義経済が21世紀への移行期に、新たな展開戦略としてきた新自由主義が、グローバルな格差拡大や気候変動という危機の深刻化を招き、その打開を巡って様々な議論が展開されている今日にあって、変革の契機とその主体を明らかにし、成長に代わる経済の展開の原理を探る作業にとって、社会的陶冶論、さらにその実践的応用といえる社会的協同実践のモデルの妥当性・将来性は、どこまで確認することができたであろうか。

物象化を主体の側から反省的に捉えることによる疎外、これを不当と判断し、変革への契機とする人格の形成を、社会的陶冶として人格発達の文脈に置くという理論的枠組みについては、およそその妥当性が了解されたと言えよう。残る課題の内重要と思われるのは、ヘーゲルの自己意識論や、スピノザの実体―属性―様態といった、哲学上の基礎概念の理解にある。この点については、今回原理的な検討の時間的制約、筆者の能力的限界を考慮し、将来社会論としての展開と関連付けて、アソシエーション論、民主主義論、特に近代民主主義の歴史的社会的把握などを焦点に、端緒的な検討を第6章で行うことにしたい。

---

1　鈴木が『資本論』から得た基本的アイディアは、簡略にまとめると、次のようになるのではないかと思われる。資本主義的生産様式における、（私的）生産物が、商品、貨幣という形態をとって運動していくが、生産物の価値の実体は、抽象的人間的労働である。ここでの形態と実体との間には、矛盾・対立が潜在している（何より、資本によって搾取される剰余価値、そして労働に含まれる素材的要素による）。このことを、資本主義社会における人格の（自己）疎外に敷衍して、実体である諸能力の総体と、形態としての賃労働との矛盾・対立（能力の多面性・発展性と賃労働による制約など）を捉え、両者に共通する矛盾・対立構造を生み出す、物象化とその主体的反省としての疎外、そこにおける主体形成の契機としての〝陶冶〟過程を捉える…という一連の理

解の流れがあるように思われる。

2　佐々木２０１８ 第5章　特にp．２５７～２５８で述べられている、物象化論と区別される疎外論の意義に関する指摘は重要である。

3　本論に入る前に、近年のマルクス研究についての評価と鈴木の立場が示されている。評価の対象となっているのは、M．ポストン、M．ハインリッヒ、ボルタンスキーやシャペロなどのレギュラシオン理論、さらにD．ハーヴェイである。これらは、『資本論』第二部、第三部を含めた『資本論』全体の今日的意義に関する研究として意味があるが、社会的陶冶論から「資本主義」を読み込むという視点は見られないとし、これらの研究の総体を捉える論理が必要であるとしている。

4　「前提としての貧困化論」については、『主体形成の教育学』第二章で詳しい検討が行われている。この表の読み方が、以下示されているのだが、商品・貨幣関係、近現代的人格それぞれの行相互の関係について説明されているわけではなく、特に人格の行の用語の意味するところが分かりにくくなっている。鈴木の他の論稿で関係するのは、さしあたり、『主体形成の教育学』２０００の第一章五節　他に「市場化社会における教育制度の形成論理」北海学園大学『開発論集』第１０１号　２０１８年（未見）

5　「見方によっては、人間も商品と同じである。人間は…はじめはまず他の人間に自分を映してみる。人間ペーターは、彼と等しいものとしての人間パウルとの関連を通してはじめて人間としての自分自身に関連する。だが、それとともに、ペーターにとってはパウルの全体が、パウル的肉体のままで、人間という種族の現象形態として通用する」

6　「展開された形態」というのは、『資本論』第一章商品章におけるマルクスの論の展開のことで、商品Aの価値が、他の商品BCD…の使用価値で表現され、それがさらに、金などの単一の商品で示され、「一般的価値形態」としての貨幣の誕生へという〝展開〟を意味していると思われる。（『資本論』第一章第三節　価値形態または交換価値　B全体的な、または展開された価値形態　新版第一分冊pp．１１３-１１８参照）

7　この部分、本文の叙述がわかりにくくなっており、筆者の理解で加筆している。

8　平子の論文は、渡辺憲正他編著『資本主義を超えるマルクス入門』大月書店 2016 第2章参照

9　佐々木については、本書で主要な検討の対象としている『マルクスの物象化論』2018等参照

10　この点に関しては、有井「現代認識とヘーゲル＝マルクス認識主義の没落と存在主義の復興」1995 青木書店 参照

11　ヘーゲル（『精神現象学』）における、「自己意識」概念や、「人間精神は、自由＝無限性という精神の本質を分かち持っているので、個別の精神として、意識→自己意識→理性という運動を必然的なものとして展開していく」といった理解、あるいは、人間の欲望の本質は「自己の自立性（＝自由）」についての自己確信にある、自己確信（確証）には、「他者の承認」が必要といった理解が、鈴木のヘーゲル理解、自己疎外＝相互承認論の背景となっていると思われるが、これについては、鈴木のヘーゲル論のより詳しい内容の検討が必要だが、ここでは、そのような関連研究への言及はない。なお、ここでのヘーゲルの論の若干の説明は、西・竹田の『完全読解　ヘーゲル精神現象学』２００７による。

12　ここでの簡潔なヘーゲル批判は、簡潔に過ぎて筆者にはにわかに理解困難であり、『精神現象学』を鈴木がどのように読み込んでいるのかについて、機会を改めて検討してみたい。

鈴木は、「素材の視点」の有効性（商品・貨幣批判の一つの根拠）を認めつつも、協同労働の実践、社会的協同（アソシエーション）をより積極的に位置付けている。これは、単に相対的な比重の問題ではなく、『資本論』第一部執筆以降のマルクスが第二部、三部にあたる部分の完成を期する一方で、自然科学研究に熱心に学び、人間と自然とのエコロジカルな関係へと関心を移していったとする観点、気候危機が深刻化している現代における資本主義批判としてのマルクス、『資本論』の意義といった、独自の視点が提起されている近年の理論状況を念頭に置いて読む必要があると思われる。

鈴木の社会的協同と学習の議論と、素材の思想を踏まえた「アソシエーション」論、「脱成長コミュニズム」といった斎藤の提起などが、将来社会論として、どのように統一的、総体的に理解（構成）できるのか、これは、筆者・本書全体の課題ともかかわってくる論点である。

13 佐々木による『資本論』該当箇所の引用は次の通り（『マルクス資本論』角川選書２０１８ ｐ．１２７「…ここでは、人間の頭の産物が、それ自身の生命を与えられて、それら自身の間でも人間との間でも関係を結ぶ自立的な姿に見える。同様に商品世界では、人間の生産物がそう見える。それを私は物神崇拝と呼ぶのであるが…」佐々木は、別の書で「物神崇拝は、物象化の結果」と端的に表現している。『カール・マルクス』ちくま新書２０１６ ｐ．１２３

14 アソシエーションに関しては、『資本論』第三部の株式会社、協同組合論の検討が必要であるが、ここでは、課題として残して、第一部の物象化論に戻って、社会的陶冶概念の妥当性が検討されている。

15 まず、「資本の一般的形式」の定義（要約）が、「資本は自己増殖する価値」として「進みつつある、自ら運動しつつある実体」として、「過程の主体となる」ことが示されている。これに対応すると思われる、第四章第一節での記述は、「価値が貨幣と商品とに絶えず形態を変更しながら、その大きさそのものを変え、原価地としての自己自身から剰余価値としての自己を押し出して、自己自身を増殖する」という部分、あるいは、「価値は、過程を進みつつある価値、過程を進みつつある貨幣になり、そしてこのようなものとして資本になる」という部分である。ここには、実体としての価値が、商品と貨幣という二つの形態をとりながら（流通過程を）進んでいくことが説明されており、その過程で資本の形成が説明されている。新版『資本論 ２』新日本出版社２０１９ ｐ．２７０

次に、第四章第二節にあたる、資本の「一般的定式の諸矛盾」について「資本は流通から発生するわけにいかないし、同じく、流通から発生しないわけにはいかない」という箇所が引用されている。ここでは、鈴木は、「ここがロドスだ、ここで跳べ」という有名な警句を引いて、この箇所が重要なポイントであるとするだけで、「矛盾」の解決に論を進めているが、ここは、『資本論』の該当箇所について、もう少し引用・説明が必要であろう。当該箇所で、マルクスが説明しようとしているのは、単純な流通過程、つまり、諸個人間の等価交換においては、いくら交換を繰り返しても価値の増殖は起こらないので、資本が形成される価値増殖過程においては、どのような「価値の運動」が起こっているのかという点にある。この問題（矛盾）をとくのが、第三節で説明される

「労働力商品」である。該当箇所は、「ある商品の消費から価値を引き出すためには、わが貨幣所有者は、流通部面の内部で、すなわち市場において、ある商品―それの使用価値そのものが価値の源泉であるという独自な性質を持っている商品を、したがってそれの現実的消費そのものが労働の対象化であり、それゆえ価値創造である商品を、発見する幸運に恵まれなければならないであろう。そして、貨幣所有者は市場でこのような独特な商品―労働能力または労働力を、見出すのである。」という第三節の冒頭部分である。さらに続けて、「我々が労働力または労働能力というのは、人間の肉体、生きた人格の上に存在していて、彼が何らかの種類の使用価値を生産するそのたびごとに運動される肉体的及び精神的諸能力の総体のことである」と説明されている。

ここまで、すなわち『資本論』第四章第一〜三節の内容をもとに、レーニンの階級規定、マルクスの『経済学・哲学草稿』の「疎外された労働」の部分をもとに、表4‐3の表頭(自己疎外の4規定)・表側(生産手段所有・社会的労働組織・社会的富の分配・階級関係の拡大再生産)の項目、さらに鈴木の独自の論展開の論点である、社会的陶冶、すなわち社会的協同(Assoziation)の実践例という表構成が設定される。

物象化の行の4段は、上から下に『資本論』第二篇から七篇に対応していると説明されているが、3段目の「剰余価値生産」は、第三篇　絶対的剰余価値、第四篇　相対的剰余価値、第五篇　絶対的総体的剰余価値を含み、4段目第六編、5段目第七篇という3つのくくりでの対応と読み取ることができる。

このあと、第四章第三節　労働力の購買と販売にもとづく労働力商品についての説明、さらに第三篇以降の内容を踏まえた、機械制大工業の展開過程における、「全体的労働者」と「全体的に発達した個人」や「労働と教育の結合」＝労働者の全面発達の条件を生み出す社会的陶冶の過程、社会的富の分配、福祉国家論、資本蓄積に対応する「人間の人間からの疎外」といった論点での議論が続き、現代社会における諸問題の解決に向けた論点を示して、次節へつないでいる。関連して、表4‐3では、物象化と自己疎外を共に考察の座標軸として位置付けた構成としているため、『経済学・哲学草稿』から『ドイツ・イデオロギー』『経済学批要綱』『資本論』というマルクスの研究・理論の展開を、「疎外論から物象化論へ」という断絶を経た変化・発展とみる考え方への批判が述べられている。この問題については、佐々木の「新しい唯物論への移行」、大村らの新MEGAに基づく『ドイツ・イデオロギー』の研究などを参照して、あらためて論じることとする。

ここで、上記の諸論点について、鈴木が引用している主要箇所を、確認しておく。

まず、労働力商品について。労働力を実体としての人格ととらえ、諸能力の総体とする規定はすでにみたとおりである。さらに、労働力商品について2点、「二重の意味での自由な人格」という有名な規定を挙げている。①自由な人格として自分の労働力を自分の商品として自由に処分する（「売るべき商品を他に持たない」）、いわゆる二重の自由である。②自分の労働力の実現のために必要な一切の物象から解き放たれている

次に、「資本の下に包摂された労働者」にとって、絶対的剰余価値、相対的剰余価値の生産、それぞれが持つ意味を取り上げる。「絶対的剰余価値の生産は…人間的生活展開の広大な領域を切り拓く出発点となる」と、「相対的剰余価値の生産は、…労働者の全面発達の条件を生み出す社会的陶冶の過程でもある」のふたつである。後者は、長時間労働への抵抗と大工業における機械的分業の結果に見いだされる事態で、あくまでも〝条件〟であって、労働者の主体的関与があってのことである。そのことに関しては、「資本主義的生産様式が、農業と工業の『新しいより高い結合』の物質的前提をつくり出し、物質代謝を『社会的生産の規則的法則として、また完全な人間の発展に適合した形態において、体験的に再建することを強制する』」という箇所が引用される。（『経済学批判要綱』に、この「陶冶」への言及がある。）

さらに、「労賃」について引用されている。「（生産物は資本家の所有となり）労働者は『労賃』という物象（貨幣）で…受け取るしかない。重要なことは、この『労賃』という形態が、資本家による搾取を覆い隠してしまい、その隠れた背景は科学によってはじめて発見されねばならない…ということ」であるという。

「『労働の対価』として現象するこの『労賃』を『労働の価値』実現の視点から、さらには、社会的価値及び時間の社会的『分配』として捉えていくことが、『科学』だけでなく社会的実践の課題となる」という。

これらの引用は、戦後福祉国家は、この「再分配」の拡充を試みてきたが、新自由主義の下では、さらに新しい「福祉国家」への模索が試みられているという、現状認識の議論につながっている。

16　D．ハーヴェイ『資本主義の終焉　資本の17の矛盾とグローバル経済の未来』作品社　２０１７（原著２０１４）　pp．３８０‐３９０

17　このたりは、ネグリ／ハートの『マルチチュード』や「アセンブリ」の議論と重なる。

18　表２‐５の読み解きについては、『将来社会への学び』の終章第2節（p．１９０‐１９５）参照。同書p．１９１の表1があり、さらにバージョンアップして本書表２‐５となっている。

# 第五章　マルクスの社会変革構想に学ぶ

前章で、マルクスの思想の形成過程にも注目しながら、資本主義的生産様式を特徴づける重要な基本概念である「疎外」と「物象化」を統一的・体系的にとらえる理論をあとづけてきた。本章では、日本社会の現局面を踏まえ、目指す将来社会像を構想するために、マルクス自身の社会変革構想に学び、労働を基礎とする社会把握に関する議論をとりあげる。

佐々木が「マルクスが『資本論』第一部においてその理論的展開を通じて示した変革構想」の筋道を次のように描いている[1]。

〈1〉私的労働によって発生する生産関係の物象化を基礎にして、賃労働が行われ、資本の価値増殖運動が成立し、生産過程の物象化が発生する。生産過程の物象化を生み出す賃労働は、資本主義的生産関係そのものを再生産し、再生産過程総体の物象化を生み出す。

〈2〉(物象の人格化により)欲望の対象を価値それじたいに求める、近代に固有な実践的態度が形成される。生産過程においては、資本のもとへの労働の実質的包摂によって、労働者たちは生産的な知を剥奪され、再生産過程においては、失業の恐怖によって、より従属的な主体へと変容させられる。

〈3〉物象による…素材代謝の編成は、持続的な素材代謝の維持、さらには合理的な生産力の発展と矛盾し、(次のような)賃労働者たちの闘争を呼び起こす。

・絶対的剰余価値の追求に対しては、労働日の短縮

・実質的包摂（生産知の剥奪）に対しては、制度的な職業教育の充実
・人間と自然との物質代謝の攪乱に対しては、環境規制
・相対的過剰人口の恒常的な創出に対しては、生活保障
〈4〉・物象化と労働者の階級闘争のせめぎ合いの中で、変革の条件が成熟していく
・闘争の過程で、労働者たちが、団結の経験を積み、アソシエーション形成力を高めていく
・社会的生産力の高まり、労働者たちの社会的結合が進む＝アソシエーション形成能力・自己統治能力の発展＝変革の主体的条件の成熟

このようなマルクスの変革構想は、少なくとも19世紀後半から20世紀の労働運動の発展と社会の変革の歴史において、一定の現実化を見ることができる。しかし、20世紀末から21世にかけての福祉国家の変容、新自由主義の展開を踏まえたうえで、変革の条件の成熟をどう見るかは、経済社会構造の大きな変化によって今日の固有の課題となっている。

ＩＴなど技術的進歩や雇用形態の多様化など、再生産過程そのものの変化と、労働組合運動の衰退（困難）の一方でのＮＰＯや市民運動団体の広がりなど、運動主体の変化が複雑に絡み合った現在の構造をどのようにとらえ、変革主体の形成をいかに展望するかが、鋭い問いとして我々に突き付けられている。この問いに理論的に向きあうために、マルクスの理論構成そのものについての掘り下げた検討と、地球規模の気候変動に象徴される、今日のグローバルな危機局面とその打開の方向性について、佐々木や斎藤の論をもとに、以下考察を進めていくこととする。

## 第一節　マルクスにおける労働を基礎とする社会把握について

### 素材代謝と労働の観点

マルクスが資本主義的生産様式を理論的に把握するうえで、その最も基本的な概念としたのが商品であること、すなわち物象化が鍵であることは、すでに見てきたとおりである。しかし、社会把握という点では、労働の概念がもう一つの鍵となっている。「マルクスへの強い関心と共感を示しつつも、容赦なく批判するという姿勢」[2]をもっていたH. アレントは、その一連の著作において、マルクスの労働観に対しても批判的な考え方を示している[3]。その要点は、古代において、本来労働―生命過程の維持・再生産と、仕事―消費されないものを作る活動とは区別されていたが、近代（マルクス）は、その区別を消滅させ、さらに「生産性」の源を「労働」に求め、人間の活動の基本概念があいまいになったところにあるとまとめられる。

佐々木は、「人間たちが自らの物質的再生産において依存せざるを得ない素材代謝（Stoffwechsef）においても（労働が）決定的に重要な意義を持っている」とし、労働の定義としては、「労働は、さしあたり、人間と自然との一過程、すなわち人間が自然とのその素材代謝を彼自身の行為によって媒介し、規制し、制御する一過程である」（『資本論』第一部第二版　1872）を示している。そして、「労働が物質的生産過程の起点をなすことは明白」で、「しかも、人間たちは、媒介行為を本能的に行うので、形態的な意味でも労働様式を変化させ、異なる生産関係を形成することができる」、この労働様式の変化が素材代謝の在り方を大きく変容させていくことになると述べている[4]。

いうまでもなく、政治思想論の領域で人間の活動の基本的な構造を論じようとしたアレントと、経済学批判、資本主義的生産様式の構造の解明と資本主義社会の変革の理論構築を目指したマルクスとでは、労働概念を論じていても、解明の対象、議論の基礎となる内容は異なるものと考えられる。

とはいえ、マルクスの思想が「変革の思想」であるかぎり、労働概念を単に経済学用語の域にとどまらず、人間の活動全体に関わる概念としてとらえる意義に変わりはない。佐々木の素材代謝論、あるいは「マルクスの素材の思想」という観点は、今日、資本主義的生産様式が、人間と自然との素材代謝を攪乱し、地球規模の気候変動、気候危機を深刻化させるにいたっている事態を打開していくうえで重要なものであることは疑いない。

そこで本節では、マルクスがその研究過程において、ヘーゲル批判、フォイエルバッハによるヘーゲル批判に対する批判といった哲学的議論から、佐々木が「新しい唯物論」と呼ぶ、実践的唯物論の立場へ、さらに社会変革の理論の構築へと移行していった過程、すなわち『経済学・哲学草稿』『ドイツ・イデオロギー』から、『経済学批判要綱』、『資本論』への理論の発展過程についての佐々木の考察をたどる作業を、あらためて行う。そのうえで、次節で、斎藤幸平の『大洪水の前に　惑星の物質代謝とマルクス』『人新世の資本論』におけるマルクスのエコロジーについての考察、「脱成長コミュニズム」という提起を参照し、次章での将来社会論へとつないでいきたい。

### 「新しい唯物論」　唯物論的な社会把握こそが、マルクスを「労働を基礎とする社会把握」へと導いた

佐々木は、マルクスが社会把握ないし歴史把握において労働を重視したことの意義について、次のように

問題を提起する。まず、『経済学・哲学草稿』でのマルクス自身のテキストには、「労働＝人間的本質」論は存在していないという。ヘーゲルがそうとらえていることは指摘するが、労働の否定的側面を見ていないと批判しており、ヘーゲルはスミスらの古典派経済学の立場をとり、私的所有を自明視していることを、マルクスは批判し、人類史の産出原理としては（人間の労働を）評価しているという。では、「労働＝人間的本質」の立場をとっていないのに、なぜ、労働を基礎として社会を把握したのか？と佐々木は問い、三つの観点で論じている[5]。

## マルクスの「新しい唯物論」

この「新しい唯物論」は、次のような特徴をもつという。

〈1〉社会問題という実践的問題と不可分に結びついている。「共産主義とは…理想ではなく、…現実的運動」

〈2〉啓蒙主義批判…理念を生み出した現実的基礎である実践的諸関係をこそ変革しなければならない＝幻想が、なぜ、いかにして、その世俗的基礎から生まれたかという唯物論的な問い

〈3〉「新しい唯物論」の立脚点は、「人間的社会あるいは社会的人間で」であり、「現存する諸関係の変革は…諸個人の生活実践の変革をつうじてなされなければならない」（宗教的幻想に感性的直観を対置するに過ぎないフォイエルバッハ、感性を受動的に把握し、環境を再生産し、変容させる感性的実践を見ないフランス唯物論への批判）「革命的実践」によってこそ、〝変革〟が可能

これらを受けて、「新しい唯物論」は、社会生活の究極の根拠を人々の生活過程の中に求め、現存する諸関係を絶えず再生産する生活実践の変革を志向し、その変革実践の可能性と条件を明らかにするために、現存する諸関係が「なぜ、いかにして」現にあるように存在するのかを根底から問う立場であるという。このような社会把握こそが、マルクスを「労働を基礎とする社会把握」へと導いたというのである。つまり、「人々の生活過程」という現実的な概念で人間をとらえ、その中心となる実践として労働を据えたという理解である。

## 生産関係の基礎を規定する概念としての労働

生産関係の出発点をなす契機(規定性)がどのようなものであるのかが、次の論点である。マルクスが労働を重視したのは、それが、物質的再生産(つまり生産過程・関係)の起点をなす包括的行為であるからというのが、佐々木の基本的見解である。それは、『ドイツ・イデオロギー』での、「現実的条件の第一をなすものは、人間たちの生活過程であり…第一の歴史的行為、すなわち、物質的生活そのものの生産である」という一節に見ることができる。『経済学批判要綱』において、同様のことが、消費・分配・交換との関連で、次のように詳細に展開されている。

・「個人は対象を生産し、その消費によってふたたび自己に復帰する…自己自身を生産する個人として復帰する」、すなわち消費は生産の契機として現れる。

・分配においても、単に生産の結果ということだけでなく、「形態の方から見ても、生産への参加の一定の仕方が分配の特殊な形態を、分配に参加しているその形態を規定する」。

・交換との関係では、…交換の内包・外延・仕方は生産の発展と形成に規定されている。
つまり、「一定の生産は一定の消費・分配・交換を規定し、また、これらさまざまな諸契機相互間の一定の諸関係を規定する」

これを受けて、佐々木は次のように理解を進めていく。

労働によって一定の使用価値が生み出されることによって、はじめて、それを消費・分配・交換することができるということだけを意味するのではなく、形態規定的な意味でも、生産が過程の包括的な契機となり、消費・分配・交換を規定する。

社会的に規定された生産活動、すなわち労働形態が人間たちの物質的再生産の社会的形態を規定し、したがって、生産諸関係を規定しているのである。一定の社会的諸条件のもとで一定の社会的現実性を持つ諸個人の労働が出発点をなし、この労働が起点となって一定の生産関係が形成され、再生産される。この場合、〝社会的諸条件〟は(労働者にとって)歴史的に形成された前提であり、彼らの労働の契機をなす。労働は、一定の社会的諸条件を自らの契機とするような、社会的規定性を持った労働としてのみ存在するのであり、そのような労働が物質的生活の再生産にとっての起点をなす。

このように、生産手段の所有など、社会的諸条件が起点となるのではなく、あくまで、行為としての労働が、起点をなすとマルクスは考えていたし、そのような理解が重要であると佐々木は強調している。社会的諸条件の規定性については、さらに次のように説明される。

マルクスは、生産関係の基礎を生産手段の所有形態に求める議論を批判し、生産関係の基礎をなしているのは、あくまで一定の社会的規定性をもつ労働であることを強調している。たとえば資本家・地主による生産手段の排他的所有は、賃労働という特定の社会的形態規定を与えるための社会的諸条件をなすが、それを生産関係の基礎とみなすことはできない。というのも、そのような特定の社会的諸条件はまさに賃労働という特定の労働形態によってのみ再生産されうるからである。…労働が特定の形態で行われなければ、その社会的諸条件は再生産されえない。

そして、「これこそが…労働を基礎として社会を把握しなければならない理由である」というのである。このような理解のもとでの次の指摘は重要である。

生産様式の最奥の基礎を、労働の前提をなす社会的諸条件にではなく、それを契機とする特定の形態での労働に見たからこそ、マルクスは資本主義的生産様式の止揚において、理念や政治的「権力」ではなく、まさに賃労働者たちがアソシエートすることが決定的だと考えたのである。

これは、変革の主体があくまで、賃労働者であることの根拠を示している。そして、このような見方は、『経済学・哲学草稿』でも強調されており、初期から晩期に至るまでマルクスの一貫した見方であったというのが、佐々木の理解である。さらに、このような理論的把握と密接に関連しているのが、『経済学・哲学草稿』から『資本論』に至るまでの草稿及び著作において頻繁に用いられている、「主体Sが、客体Oに対して、Nに対する様態で関わる」という表現であるといい、社会的関係というのは、漠然と存在しているのではなく、諸個人の関りによって成立しているとみることが重要であるという[6]。

以上のような、「新しい唯物論」、生産関係の起点としての労働の観点にたって、さらに三つめの観点人間と自然との素材代謝（物質代謝）が論じられる。次にこれを見てみよう[7]。

## 素材代謝と労働

素材代謝、原語はStoffwechselで、斎藤らが用いる物質代謝という訳語にあたる。マルクスがはじめて素材代謝という概念を用いたのは、1851年3月の「省察」においてで、以後一貫して用いられていることが、MEGA資料の研究を通じて、関係研究者間で共有されている。そして、先のマルクスが労働を重視した理由が、人間たちが自らの物質的再生産において依存せざるを得ない素材代謝においても、決定的に重要な意味を持っていると佐々木はいう。

マルクスは、人間と自然との物質的な循環という意味でも、素材的概念を用いるようになっており、そこから『資本論』における労働の定義、「労働はさしあたり、人間と自然とのあいだの一過程、すなわち人間が自然とのその素材代謝を彼自身の行為によって媒介し、規制する一過程である」が導かれていることは、本章冒頭でも紹介したとおりである。さらに、資本主義的生産関係を素材代謝の観点から捉えなおした際の、内容について佐々木は次のようにいう。

資本は価値増殖の論理に従って、積極的に労働過程に介入し、その在り方を、根本から変容させていく。しかも、その際、資本は、商品生産においては価値と使用価値に表されている私的労働の二重の社会的性格以外の、社会的生産にとって必要な契機を考慮することが出来ないという事情を積極的に活用し、それを自らの強みに転化する。

例えば、(労働力商品の使用にあたって)最大限に利用しようとするので多様で具体的な素材代謝に必然的に齟齬をきたす。(労働者の病気など)(木材・水などの素材のときは、環境破壊を引き起こす)しかし、資本も、素材代謝を攪乱することはあっても(人間の身体強度や他の自然資源の量には限界があり、人間の生存を脅かすような環境破壊には限度があり、地球は有限であるので)、素材代謝の論理の制約から自由になることはできない。

マルクスはこのような形態(資本主義的生産様式…賃労働・生産手段の排他的占有)の論理に対抗する素材の論理に、社会変革の根拠を見出している。

この観点は、斎藤にも共通している。物象化の主体の側からの捉えなおしとしての疎外、労働者がその「並外れた意識」によって、それ(敵対的に現れる矛盾)を不当と判断し、それが陶冶の契機となって、社会変革の主体が形成される、それは、階級闘争、革命の過程において可能となるという変革構想と、このエコロジカルな観点での、資本主義的生産様式が生み出す矛盾・危機の把握とを、どのように統一的に捉えるかが今日的課題である。

マルクスは『資本論』第一部執筆後、自然科学を含む多様な学問分野に学んで、素材代謝の具体的論理について精力的な探究を進め、その過程と内容が「抜粋ノート」に現れている。こうして、マルクスは、素材代謝の媒介行為として労働を把握することにより、エコロジー危機や過重労働、貧困などを含めた様々な資本主義的生産様式が生み出す諸矛盾を、素材代謝の攪乱として把握する視座を獲得したというのである。そのことは、『資本論』第三部において未来社会の展望について述べた部分での素材代謝への言及に現れているという[8]。

このような、マルクスによる研究過程の展開(関心の移行)の見方は、MEGA資料に基づく近年の研究によるもので、佐々木のみならず、斎藤、平子などに共通の観点であるが、佐々木による先行研究評価に現れているように、従来の研究におけるマルクスのエコロジー思想に対する評価とは見解を異にしている。

---

1　伊藤誠他編『21世紀のマルクス　マルクス研究の到達点』2019 新泉社 第3章 物象化論と『資本論』第一部の理論構造 pp. 120-121
2　H.アレント『カール・マルクスと西欧政治思想の伝統』2002 大月書店 引用は訳者解説より
3　H.アレント『人間の条件』(ちくま学芸文庫)pp. 136-144
4　佐々木 2018　pp. 429-430 なお、『資本論』一部第二版は、MEGAⅡ/6からの引用。

5　佐々木２０１８　ＰＰ．４２２‐４２９以下、「三つの観点」による佐々木の説明を要約しつつ、筆者のコメントを加えている。

6　ここまでのマルクスの議論を踏まえて、マルクスの人間観、労働観の固有性、重要性が重ねて次のように論じられている。

人間はあらかじめ固定した本質をもって存在しているのではなく、関係や構造に制約され、その制約によって関係がつくられるという廣松やアルチュセールの論があるが、マルクスは、構造と主体との相互関係を一般的に考察したのではない。マルクスにとって重要だったのは、人間の行為一般の性格が「何であるか」を解釈によって明らかにすることではなく、むしろその関係の特異性、「なぜ、いかにして」生じるのかを問い、これを解くために、「関り」がいかなる様態でなされているかを考察したのだ。そして、このような人間たちの関りを、根底的に規定する行為が労働であると理解しているのである。

私的生産者たちの生産物に対する関り verhalten が、生産物に価値を付与し、商品生産関係を成立させ、また、この商品生産関係の基礎の上で、賃労働に伴う賃労働者たちの生産手段に対する関りが、価値の増殖を可能にし、資本主義的生産関係を成立させる。「主体Ｓが、客体Ｏに対して、Ｎに対する様態で関わる」という枠組みでの理解である。

そして、そのような関りによってのみ、商品生産関係の前提となる社会的諸条件をなす社会的欲求をもった私的個人が再生産され、資本主義的生産関係の前提となる社会的諸条件をなす直接生産者と生産手段の分離が生まれると論は展開し、このように、物象の力を生み出し、一定の生産関係を成立させるのは、特定の形態における労働なのであると結論されている。

7　物質代謝概念については、斎藤がその起源について、マルクスの「ロンドンノート」などＭＥＧＡで明らかとなった資料などにもとづいて詳述している。『大洪水の前に　マルクスと惑星の物質代謝』ｐ．77　他　佐々木も『カール・マルクス』２０１６　ちくま新書（ｐ．２０３）において、晩期マルクスの変革思想の鍵をなす概念として「物質代謝」を論じている。マルクスが素材（物質）代謝概念を用いたのが、１８５１年の「省察」において、ケルンの医師ローランド・ダニエルスの影響によるものであるとする点など、斎藤と佐々木は一致している。

8　それは次のような一節にみることができる。「アソシエートした人間たちが…この物質代謝を合理的に規制し自分たちの共同的なコントロールのもとにおくということ、つまり、力の最小の消費によって、自分たちの人間性に最もふさわしく、最も適合した諸条件の下で、この素材代謝をおこなうということ」『資本論』第七編第四八章三位一体的定式　新版『資本論』２０２１ 新日本出版社 p．１４６０

## 第二節　「脱成長コミュニズム」を問う

前節で、佐々木隆治によるマルクスの労働概念について見てきたが、生産関係の基礎としてと同時に、素材代謝として労働を捉える視点が重視されていた。このことに関連して、本節では、斎藤幸平の論考におけるマルクスのエコロジーの捉え方について、その前提の一つである物象化論の理解を含めて検討する。

ここでは、さしあたり現時点での斎藤の主著にあたる『大洪水の前に　マルクスと惑星の物質代謝』と、これをもとに気候危機打開にむけた経済の脱成長論を提起している『人新世の資本論』の論旨を追い、なお解明を要すると思われる論点などを整理しておきたい。

### 斎藤幸平『大洪水の前に─マルクスと惑星の物質代謝』『人新世の資本論』の意義

『大洪水の前に』は、斉藤の博士論文（ベルリン　フンボルト大学に提出）*Kohei Saito:Natur gegen Kapital, Frankfurto am Mein:Campus, 2016* を下敷きにしつつ、その後に刊行された4篇の論文をあわせて、加筆・修正したもので、そこでの強調点は、マルクスに対する従来からの批判の論点に対応している。マルクスに進歩史観や生産力至上主義を見る批判はもはやあたらず、マルクス自身の資本主義批判は、物質（素材）代謝論を軸としたエコロジー思想（「エコ社会主義」）にまで到達していたという。そして、「マルクスの方法論をもとにして、マルクスの死後明らかになった科学的知見を積極的に取り込むことによって、マルクスのエコロジーはグローバル環境危機の時代にこそ一層深化させられなければならない」という理論的提起となっている[1]。

これを踏まえ、『人新世の「資本論」』では、マルクスのビジョンは最晩年において明らかに大きく変容しており、「生産力至上主義」とも「エコ社会主義」とも違ったものに到達したとして、これを「脱成長コミュニズム」と呼び、「誰も提唱したことのない晩期マルクスの将来社会の新解釈である」と強いトーンの主張となっている。そして、「だから『人新世』の危機に立ち向かうため、最晩年のマルクスの資本主義批判の洞察をより発展させ、未完の『資本論』を『脱成長コミュニズム』の理論化として引き継ぐような、大胆な新解釈に今こそ挑戦しなければならない」と述べ、『大洪水の前に』よりも踏み込んだ提起となっている[2]。

斉藤の主張の独自性は、近年可能なったMEGA研究による実証を最大の根拠としている。ただ、MEGA資料に基づく研究は、佐々木を含め複数の研究者によって行われており、斉藤の一連の研究と時期を前後している。佐々木が、「斉藤幸平さんの本（*Kohei Saito,Karl Marx's Ecosocialism 2017*）が本当に素晴らしいと思うのは、抜粋元の原典に照らしながら丹念に読み、そのような緻密な文献研究をマルクスのビジョンの転換という大きな議論に見事に活かしている点。あそこまで議論ができるのは世界でもまだ斉藤さんだけです」[3]と述べているように、マルクス研究者間に斎藤の提起と共通する理解が一定存在することがうかがえる[4]。

## 1　斉藤の研究の位置

マルクス生誕２００年を記念して設定された「日本におけるマルクス研究の現在」と題する座談会の内容が、『唯物論研究23号』で次のようにまとめられている。

平子友長は、３つの研究分野として、①マルクス研究のアクチュアリティー（マルクスを方法として用いた社会科学研究）と、②マルクスそのものの研究③マルクス主義（資本主義の対抗理論として捉える）を挙げ、②について、ＭＥＧＡ研究の進展により大きな変化があり、研究のやり直しが必要と述べている。特に、『資本論』第一巻刊行後、マルクスが『経済学批判要綱』段階の認識を根本的に改良していることがＭＥＧＡの諸論稿から明らかになっている点に注目している。

佐々木隆治も②が一番重要であるとして、ＭＥＧＡの材料を使うことで、新しい視座が開かれると同意を示し、先のような斉藤浩平の研究に対する高評価のコメントをしている。また、マルクスのアクチュアリティーを理解する上で、Ｎ．クラインの『これがすべてを変える』（原著２０１４　岩波２０１７）が、気候変動が危機的状況にあること、その根本原因が資本主義システムにあることを明らかにしていることに触れ、これは、マルクスが晩年「ザスーリチへの手紙」及びその草稿で展開した変革構想と合致していると述べている。

平子はまた、中国では、アメリカ流の主流派経済学研究者が大半となり、マルクス経済学をやっている研究者はほとんどおらず、マルクス研究は哲学者による統治のイデオロギーとしてのそれに限られているとし、一方日本では、「ある種の統治のイデオロギーと、近代化理論としてのマルクス主義を批判して、マルクスの理論的核心が近代批判にあることを明らかにした」としている。従来言われていた、『経済学・哲学草稿』の第一草稿と、第二、第三草稿、「ミル評注」との間の断絶は、ＭＥＧＡの材料の検討によって、断絶を置かずに理解することができるようになるとも指摘している。さらに、「グルントリッセ（『経済学批判要綱』）

バイアス」がかかっていた1970、80年代に盛んだった市民社会論的マルクス解釈も、MEGAにより再検討を要するとしている[5]。

佐々木は、自身の物象化論研究をふまえ、『資本論』全体は、物象化理論として読み解くほかない構造になっているとし、「晩期マルクスの物質代謝論」研究の重要性を説いている[6]。

「MEGA研究の現在」についての、隅田聡一郎による解説も、『唯物論研究23号』でみることができる[7]。MEGA研究の現代的意義については、第Ⅳ部門に収録された研究サブ資料を学術的に解明することが、現代のマルクス研究にとって必要不可欠であり、特に、抜粋ノートのうち、およそ三分の一が生涯の最後の10年に集中している点が重要であるという。これらの抜粋ノートを、マルクスの経済学批判の文脈において位置づけた斉藤のMEGA研究（2016）は、椎名重明や吉田文和といった日本のリービッヒ－マルクス研究の射程を拡張した新しいエコロジー論を提起しているという。隅田による解説をもう少し追っておこう。

日本のマルクス経済学研究において、久留間鮫造がリードしてきた『資本論』第一巻商品章に関する先駆的研究は、「西欧マルクス主義」の「『資本論』研究に比べて群を抜いて精緻な理解を誇ってきたが、近年では、佐々木のMEGA研究によって、物象化論、物質代謝論として展開され、その理論的射程が明らかとなっているとし、マルクスは、晩年になるにつれて、経済的規定の外部、すなわち、「人間と自然の物質代謝」にかかわる広大な素材的領域それ自体にますます関心が移っていったという（例えば、フラースの諸著作など）。そして、それらと密接な関連を持っているのが、「ザスーリチへの手紙」と関連草稿、「共産党宣言　ロシア語序文」に見られる最晩年のロシア共同体論であるという。先行研究では、「手紙」の持つ広範な射程が看過されていたが、アンダーソン[8]も指摘しているように、この点は重要であると述べている。

さらに、佐々木による研究で示されているように、先行研究とは異なり物質代謝論的共同体研究の到達点こそが、「手紙」であったとし、ＭＥＧＡ研究は、ロシアの「農耕共同体」を物質代謝論的観点から新たに位置づけることで、マルクス共同体論の現代的意義を明らかにしているという[9]。

以上のようなＭＥＧＡ研究をめぐる状況、それとの関連での斎藤の研究の位置を前提として、次に斎藤の論考の内容を詳しく追ってみよう。

## 2　斎藤幸平『大洪水の前に　マルクスと惑星の物質代謝』の理論的枠組み

まず冒頭、著書全体のアプローチについて次のように提起している。

まず、近年ドイツで流行しているM．ハインリッヒに代表される「新しいマルクスの読み方」とは異なる理解にたっており、素材は、「形態」と並んで、経済学批判において重要な役割を果たすと考えており、この点が、マルクスのエコロジカルな資本主義批判を理解するうえで、決定的だという。

次に、１８６８年以降のマルクスは、自然科学の著作を熱心に読み漁り、リービッヒ、フラースなどの農芸化学研究から大きな示唆を受けつつ、『資本論』第二部、第三部の完成を目指していたのであって、エコロジーへの関心も、資本の弾力性、自然の弾力性についての議論と結びついて刻まれているという。マルクスのエコロジーへの言及が無視されてきたのは、エンゲルスの考え方との相違によるとしている。それゆえ、「資本主義批判と環境批判を融合し、持続可能なポストキャピタリズムを構想したマルクスは、不可欠な理論的参照軸として21世紀に復権しようとしているという。

次に本論各章の要点を追ってみよう。

### 労働の疎外から自然の疎外へ（第1章）

マルクスの構想は、まず、「パリノート」[10]で、人間と自然の「統一」の意識的な再構築が将来社会の中心的課題として定式化されているという。この人間と自然との「統一」については、資本主義の疎外を人間と大地との本源的統一の解体として把握することで、はじめて、マルクスが共産主義のプロジェクトをこの本源的統一の意識的な再生として整合的に捉えていたことを認識できるようになるという。そして、「さらに注目すべきは、マルクスは人間と自然との統一という１８４４年の洞察を『資本論』に至るまで堅持していたという事実」を述べている[11]。

あわせて、マルクスの市民社会のとらえ方にも言及している。『ヘーゲル法哲学批判序説』において、マルクスは、近代の「国家」と「市民社会」の二項対立を批判したが、この分裂した現実を克服し、私的な個人が、市民社会を超えて公共圏へと参加することのできるような社会の在り方を「民主主義」の「理念」として現実に対置したが、この考え方をすぐに（１８４３年「ユダヤ人問題に寄せて」において）放棄しているという。つまり、市民社会そのものが近代の現実的矛盾であることを認識していたというのである[12]。これらを受けて、次のような理解が示される。

先行研究は、「地代」の議論で明らかにした近代社会の歴史的特性についての1844年の洞察（『経済学・哲学草稿』を含む諸論）をことごとく読み飛ばしてきた。『ドイツ・イデオロギー』では、哲学から距離をとることで、フォイエルバッハのような哲学的抽象論に陥る危険性に気づくようになる。

歴史的環境が人間や動物の生活も規定している。だからこそ、人間と自然の関係性の変容を分析する必要がある。（すなわち）資本主義において、その人間と自然の歴史的に特殊な媒介過程がどのようにして構成されるかを分析し、疎外が生じるのかを解明しなければならない。そのための『ドイツ・イデオロギー』以降のマルクスの経済学研究と自然科学研究がある。

そして、こうした理解の鍵となるのが、「物質代謝」の概念であるとする。

**物質代謝論の系譜学（第2章）**

この章では、おもに『経済学批判要綱』によって、マルクスの物質代謝概念の用法をあとづけている。マルクスのエコロジーは、社会的・自然的物質代謝の素材的次元が資本の価値増殖の論理によって、どのように再編成され、そこから最終的には、どのような矛盾・軋轢が生じてくるかを解明しようとするものであるという。そこでは、疎外というフォイエルバッハの用語を用いずに、「自然との物質代謝」のための客観的条件の剥奪と定義しているという[13]。また、「物質代謝」という用語の「最初の正式な概念の使用」という功績は、しばしばリービッヒに帰せられるが、マルクスによる物質代謝論の形成過程を明らかにする上では、それでは不十分であるとして、MEGA資料によって詳細に検証している[14]。

さらに、マルクスが研究しているのは、人間と自然の歴史貫通的な素材的過程が、「価値増殖過程」という経済的形態規定を受け取ることでどのような変化を被るかということ[15]としたうえで、『要綱』に反映される物質代謝概念の一つ目の用法は、ダニエルス(医師)の『ミクロコスモス生理学的人間学の構想』を踏まえた、〝人間と自然〟の不断の相互作用であるという。ここからマルクスはさらに進んで、歴史的な素材過程が、経済的形態規定によってどう変化していくかに関心を移動していったのだという。

物質代謝概念のふたつ目の用法は、形態転換との対比で、素材転換とでも訳すべき、商品生産社会の流通過程におけるW―G―W(商品―貨幣―商品)と、G―W―Gの形態転換の下で生じる使用価値の運動であり、三つめは、人間とのかかわりなく進行する「自然の物質代謝」であると述べている。

以上の議論をまとめれば、『要綱』には上記の3つの異なった物質代謝の用法が存在しており、それぞれにマルクス独自の読み込みがうかがえるという見方であり、これが、マルクスの神髄であるという。それは、経済的規定を受けることで、第一の相互作用や、第三の「自然の物質代謝」に変容がもたらされるという、資本主義による物質代謝の変容・攪乱についての理解である。

## 物質代謝論としての『資本論』(第3章)

本章では、物象化論が、人間と自然の物質代謝を理解する理論的基盤として捉えなおされている。

まず端的に、物象化論こそが、資本主義的生産様式が、どのように人間と自然の物質的関わりあいを再構成し、最終的には破壊してしまうかを分析するための方法論的基礎であるとし、マルクスは、労働を物質代謝を媒介する活動として定義したが、ただしそれは抽象的契機であり、さらなる規定が必要であるという。つまり、経済的形態規定がそれである。

素材の変容という観点からみれば、労働は間違いなく生理的・素材的な活動である。ここで問題なのは、マルクスが、抽象的労働が素材的であると主張する点であるという。すべての労働は、人間の有機体の諸機能であり、一つの生理学的過程であって、その限りで、抽象的人間的労働も素材的で歴史貫通的なものと考えられる。〈マルクスの新しい読み方〉を提唱する研究者たち(マルクスの上記の歴史貫通的な見方を批判するルービンに追随するハインリッヒなど)は、これを批判し、抽象的労働は、「純粋に社会的なもの」だとするが、これは正しくないし、マルクスのエコロジーを展開することもできなくなるというのが、斎藤の基本的考え方である。そのうえで、「新しい読み方」とは異なった解釈路線を選択するにあたって、参照点となる論考として、久留間、大谷が紹介されている。

そして、詳しい引用・説明の後、議論のまとめとして、商品社会において、私的労働は、あらかじめ具体的有用労働としての位置づけ・役割などが割り当てられていないという意味で社会的性格を有しておらず、具体的有用労働の代わりに、抽象的労働としての性格が、交換において歴史的に特殊な労働の社会的形態として機能することになる、つまり、私的労働は、抽象的労働(人間的労働力の支出)としての「労働の一般性」を用いることで、社会的に通用する労働の一般的形態を受け取るということなのであるという理解が示される。ここでのマルクスのポイントは、人間的労働の素材的側面が、近代に特有の社会的関係のもとで、特殊な経済的形態規定を受け取り、それによって新たな社会的意義、といっても積極的な意味ではなく、むしろ制約としてのそれを獲得するということだとされている。

つまり、「新しい読み方」では、商品生産社会における人間と自然の関係のうちに潜在的に存在する緊張関係がとらえられていないというのである。ここで、現実における現象形態により近づくために「物象化」の議論が重要となるとしている。物象化の概念そのものについての斎藤の理解は、佐々木ら他のマルクス研究者と共通している。

そして、マルクスの経済学批判の意義は、物象化論にみられる経済的形態規定の社会性だけでなく、(先行研究で過小評価されている)素材的次元の意義を把握することにある、そのことが、マルクスのエコロジーにとって不可欠なのだというのが斎藤の主張の基本であり、「マルクスの経済学批判の要点」についてとして、次のようにまとめられている。

〈1〉物神崇拝批判：社会的形態規定を素材の自然的属性とみなしてしまうことに対する批判

〈2〉古典派経済学の内部でも、「形態」と「素材」の分離は徐々になされていた。素材もまた経済学的カテゴリーとして扱うべき。

研究の発端においては、素材的土台を所与の前提として考察の対象外としたが、マルクスは、使用価値が形態規定によって変容され、さらには形態規定を変容する場合には、素材は経済学の考察のうちに入り込むと述べて、素材と形態を絶対的な対立においてみる理解を批判しているという。

ここでのポイントは、物象化による素材的世界の変容は、人格のみに限らず、物の世界に広がっていくということであり、社会的関係の下で物は単に現存する自然的属性の下で存在するだけでなく、社会的形態規定によって社会的に変容されるのであり、この変容は物そのものの属性として反映され、自然化されるようになっていくという点にあるという。そして、この変容過程を資本の観点からのみならず、人間と自然の物質代謝という歴史貫通的な視点からも考察することが、マルクスの経済学批判なのであるとして、資本主義的生産による物質代謝の変容・攪乱について、商品生産から資本の生産過程への移行にともなう過程について詳しく論じている。

物質代謝の攪乱、それによる「持続可能な人間的発展」の破壊を防ぐためには、物象化の力そのものを抑え、究極的には資本主義を克服するしかないとマルクスは考えていたというのが斎藤の見方であり、章末で次のような仮説が提起される。

マルクスがなぜ自然科学を熱心に研究したのかは、マルクスが資本主義による物質代謝の亀裂についての具体的な仕組みを資本主義的矛盾として展開するためだった。つまり、労働の過程の変容(物象化、による疎外された労働)だけでなく、そこから生じる人間と自然との物質代謝の亀裂を分析することが目的だというのである。

## 第4章から巻末における考察と提起

第4章、5章では、リービッヒやフラースといった農学者の著作・論文に関するマルクスの抜粋ノートをもとに、マルクスが、近代的農業経営そのものを「人間と自然との物質代謝の攪乱」を引き起こす「略奪農業」

として批判するに至る過程を詳細にたどっている[16]。

第5章では、マルクスが、人間の自然からの疎外を克服し「人間と自然との物質代謝を合理的に制御する」ことによるより持続的な生産の実現を一貫して求めていたこと、それこそがマルクスの意識的な「エコ社会主義的な傾向」を示していたことを、1870年代の抜粋ノートにみることができ、そのような解明こそ、21世紀のマルクス研究の課題であるとしている。

続く、第6章では、「抜粋ノートから明らかになる新しい知見に基づいて、『資本論』第一巻刊行後の経済学批判と物質代謝論の発展をより正確に再構成していく可能性が開かれた」として、MEGA第2部門に含まれる『資本論』第二部、第三部の草稿を抜粋ノートとの関連で考察し、1868年以降のマルクスの環境思想の発展の再構成を行っている。

そこでは、エンゲルスの編集では採用されていなかった文章が考察の対象に加えられている。そして、「資本の有機的構成と剰余価値率」「資本の生きた矛盾」「資本の弾力性とその限界」「抜粋ノートと自然の弾力性」「環境危機と経済危機」といった項目での考察によって、マルクスのエコ社会主義は、資本の立場から把握されたものでなく、持続可能で自由な人間的発展の立場から展開されるものであり、そのような観点から、晩年のマルクスは、無限の価値増殖への衝動から生じる様々な矛盾を批判しようと試みていたと述べている。そして、このようなマルクスのエコ社会主義的志向は、なぜ正しく理解されなかったのかと疑問を呈し、次章でその問題に取り組むと結んでいる。7章で導かれているこの問題についての斎藤の結論は、次のような内容である[17]。

（『資本論』第二部、第三部の編集にあたっての）「エンゲルスの力点は、自然そのものの存続にかかわる諸法則を百科事典的に認識することそれによって『自由の国』を設立することにあった。」「エンゲルスの「唯物論」は『意識』と『物質』の二元論のもとで、物質の存在論的優位性を説く哲学的で、（しばしば人間からは独立な）超歴史的な枠組みによって規定されている」。「それに対して、『ドイツ・イデオロギー』以降のマルクスにとって、そのような哲学的な関心に基づく超歴史的な法則の探求は問題とならなかった。むしろマルクスは、『物質代謝』概念を発展させることで人間と自然の物理的かつ社会的な関わり合いの変化を歴史的、経済的、自然科学的見地から把握しようとしたのである。」

「こうした両者の違いのために、マルクスの自然科学的な研究の重要性はエンゲルスやその後のマルクス主義者たちにも認められず、抜粋ノートはその意義が無視され、放置されてきた。」そして同様の傾向は、西欧マルクス主義によっても受け継がれてしまっているが、MEGAの刊行により、状況は徐々に変わりつつある」。

以上のような本書全体の考察を受けて最後に、次のように提起されている。

人間と自然の物質代謝の攪乱を乗り越えるためには、資本の主体化した力を廃棄することが不可欠であると、マルクスは唱えた。さらに、マルクスの抜粋ノートが示しているのは、19世紀の思想がプロメテウス主義によって特徴づけられるという思いこみが誤りであるということも明らかである。

1860年代には、リービッヒやフラースの議論をきっかけとして、環境破壊や人類の生存条件の悪化などの問題が多様な専門家たちによって論じられており、マルクスがそれらを取り込んでいったのは、自然である。これまで、西欧マルクス主義や「新しいマルクスの読み方」によって、軽視されてきた「素材」という側面に注意を払うようになれば、マルクスのテクストはエコロジーというテーマへと自然に導いてくれる。

MEGAを用いての「新しいマルクス」や「転換」の研究に否定的な立場をとる研究者もいるが、これまでに十分に検討されていない理論的見地が抜粋ノートに眠っていることは、本書で十分に示されたはずである。マルクスのエコロジーは、グローバル環境危機の時代こそ、一層深化させられなければならない。「マルクスは忘れろ」ではなく、「マルクスへ帰れ」なのである。

以上のような本書の内容の要は、MEGAの抜粋ノート、草稿による新たな切り口での論構成、素材的世界への着目という観点、物質代謝という基本概念の提起にある。そして、今日のグローバル環境危機を乗り越えるには、資本主義からの根本的転換が必要であり、そのために、マルクスがエコロジーの観点からしっかり考察されるべきという主張である。コロナ禍のもと、「新しい社会」を構想するうえで、示唆に富んだ内容であると言えよう。

次に、本書での理論的考察を踏まえ、気候危機の問題に引き寄せて議論を展開した『人新世の「資本論」』の内容を見てみよう。

## 3　『人新世の「資本論」』が提起するもの

『大洪水の前に』では、資本主義が「物質代謝の亀裂・攪乱」を生み出すという、人間と自然との関係、エコロジー的発想がマルクスの経済学批判の核心であることが、ＭＥＧＡの資料によって検証されるという点に最大の論点があったが、『人新世の「資本論」』ではそれも踏まえ、今日の環境危機をめぐる動向に対して、経済成長と環境危機克服の両狙いの動きを批判し、〈コモン〉の再編による「脱成長コミュニズム」によってこそ、環境危機は乗り越えることができる、マルクスの経済学批判の構想も晩年には、そこに到達していたというより強い主張・提起となっている。

以下、各章の要点を追ってみよう。

まず、第1、2章では、気候危機の現在の状況と、経済成長を維持しながらこれに対処しようとするグリーンニューディール、ＳＤＧｓなどの動向について、「経済成長の罠」にはまっていると批判している。批判の焦点は、次のような指摘に端的に示されている。

気候危機への対処の背景には、グローバルサウスの地域や社会集団から収奪し、さらには私たちの豊かな生活の代償を押し付ける構造が存在する。これは、犠牲を不可視化する外部化社会をつくっているに過ぎない…外部の消尽が起きた今こそが歴史の分岐点である。

グリーン・ニューディール、すなわち「緑の経済成長」は、再生可能エネルギーや電気自動車を普及させるための大型財政出動や公共投資を行うことで、新たな需要や雇用を増やして、経済成長につなげようとするもので、資本主義が平常運転を続けるための「最後の砦」であり、この砦の旗印がＳＤＧｓなのであると批判する。斎藤は、（絶対的）デカップリング（経済成長と環境負荷増大の分離）は幻想であり、ＩＰＣＣのモデルも経済成長を前提としており、〝経済成長の罠〟にはまっていると断ずる。

そのうえで、斎藤が提起するのが、「〝脱成長〟という選択肢」である。そして、どのような〝脱成長〟を目指すのかこそが問われなければならないとして、以下、資本主義システムの下での各種の脱成長論を批判し、マルクスのエコロジーを踏まえて、〈コモン〉をキー概念に、「脱成長コミュニズム」を提起する。

### 気候変動の核心と、資本主義システムのもとでの脱成長論批判（第3章）

ここでは、資本主義システムを維持したまま経済成長を目指す議論が批判の対象となっている。例えば、ラワースの「ドーナツ経済」概念もそのひとつである。これは、地球の生態学的限界の中で、どのレベルまでの経済発展であれば、人類全体の繁栄が可能かを論点に、ほとんどの国が持続可能性を犠牲にして社会的欲求を満たしている現状にあるという認識が示されているという。しかし、南北間の格差是正は、今以上の環境破壊をしなくともある程度は可能という指摘などをとらえて、資本主義のシステムの問題に立ち入らない議論では、グローバルな公正さの実現は不可能であるというのが斉藤の評価である。外部化・転嫁に依拠した資本主義的発想の域を出ていないというのである。

### マルクスのエコロジー（第４章）

この章は、ＭＥＧＡ研究、抜粋ノートから見えてくるマルクスの思想の展開など、『大洪水の前に』の内容がベースになっているが、コモン（社会的共通資本）への着目、マルクスによる非西欧・前資本主義社会の共同体研究が重視されている。その内容を読み取ることができるのが、晩期マルクスの到達点を示すとされる、ロシアの革命家ザスーリチに宛てた手紙である[18]。

本章では、ＭＥＧＡ第Ⅳ部門に収められている草稿、抜粋ノートから知ることができる、『資本論』第一巻刊行後の、マルクスのエコロジー（自然科学）研究の深化について、詳細に触れられている。その際、斎藤の研究のオリジナルな内容として鍵となっているのが、晩年のマルクスに起こっていたとする「理論的転換」についての主張である[19]。

マルクスのエコロジー研究の深化についての斎藤の把握の概要を、少々長くなるが以下に示しておく。

「進歩史観」の揺らぎ：ロシアの農耕共同体、ドイツのマルク共同体に関するフラースの研究などによって、持続可能性と社会的平等は密接な関係にあるという理解・姿勢を、「ザスーリチへの手紙」から読み取ることができる。それは、①資本主義のもとでの生産力の上昇は、人類の解放をもたらすとは限らない。それどころか、生命の根源的な条件である自然との物質代謝を攪乱し、亀裂を生む。資本主義がもたらすものは、コミュニズムに向けた進歩でない・・・②共同体社会の定常性こそが、植民地主義支配に対しての抵抗力となり、それは資本の力を打ち破っていくことも可能にすると最晩年のマルクスは主張しているのである。ここに明らかに大きな転換がある[20]。

続く、第5章では、「加速主義という現実逃避」と題して、4章の内容を補う意味で、経済成長を加速させることによって、コミュニズムを実現しようというイギリスのバスターニらの左派加速主義に対する批判、資本と対峙する社会運動の必要性などについての論への批判が展開されている。そして、第6章では、「欠乏の資本主義　潤沢なコミュニズム」と題して、次のような主張がみられる[21]。

本源的蓄積が人工的希少性を増大させる…本源的蓄積とは、一般に、おもに16〜18世紀にイングランドで行われた「囲い込み」のことを指す。農地から農民を強制的に締め出し、都市の新労働者の供給にあてた。マルクスの本源的蓄積論は、この「囲い込み」の過程を、単に資本主義の「前史」としてではなく、「潤沢さ」と「希少性」という視点から問い直したものとして理解することが肝要である[22]。

最後に、「脱成長コミュニズムが世界を救う」と題する結論・提起となっているのが、第7章である。まず、端的に、気候変動もコロナ禍も「人新世」の矛盾の顕在化という意味で共通しており、どちらも資本主義の産物であるとして、危機（コロナ禍）への対応における国家・権力の在り方について、およそ以下のような理解が示されている。

中国、ヨーロッパ、韓国、いずれも国家権力の発動による上からの抑え込みで…国民も危機が深まるほど、自由の制約を受けいれる。危機の時代には、国家権力がむき出しの形で前面に出てくる可能性が高い。その背景に、新自由主義のもとでの社会のあらゆる関係の商品化によって、相互扶助の破壊の進行がある。しかし、さらに危機が深まると国家機能も働かなくなり、帝国主義的生活様式の脆弱性が露呈される。

価値（もうけ）を優先するような社会では、危機は乗り越えられないのであって、（グリーン・ニューディール政策のような）脱成長資本主義ではなく、コミュニズム（自治管理・相互扶助）が選ばれなければならない。

トマ・ピケティの議論でも、脱成長は受け入れられておらず、課税に力点があり、それでは国家権力が増大してしまうという。「肝腎なのは、分配・所有ではなく、労働と生産の変革なのだ。ここに、マルクス主義や労働運動に対する忌避感ゆえに『労働』という次元に踏み込もうとしない、旧来の脱成長派と本書の決定的な違いがある」と述べている。

このように基本的方向を明示しつつ、章の終盤で、あらためてマルクスのエコロジーにもとづく、気候危機を乗り越える持続可能な経済への移行の道筋が示される。

いきなりトップダウンの解決策に頼ろうとする「政治主義」モデルは、機能しない。社会運動からの強力な支援が不可欠である。

晩期マルクスの視点から、『資本論』を再読することではじめて、なぜ脱成長コミュニズムが「物質代謝の亀裂」を修復できるかを説明できる

進歩史観の呪縛から逃れられなかったマルクスの『資本論』を「脱成長コミュニズム」という立場から読み返すことが必要

（筆者加筆：『資本論』に込められた構想は）「使用価値経済への転換」、「労働時間の短縮」、「画一的な分業の廃止」、「生産過程の民主化」、「エッセンシャルワークの重視」

マルクスの脱成長の思想は、150年近く見逃されてきた…今初めて、「人新世」の時代へと『資本論』はアップデートされるのだ。ポイントは経済成長が減速する分だけ、脱成長コミュニズムは、持続可能な経済への移行を促進するということだ。

巻末の第8章では、「気候正義という梃子」というタイトルで、斎藤の思想と方向性を共にする先進的事例が紹介され、「相互扶助と自治に基づいた脱成長コミュニズム」がその「着地点」であると提起されている。その発想は、「結局は、顔の見える関係であるコミュニティや地方自治体をベースにして信頼関係を回復していくしか道はない」とも言い換えられており、この観点は、本書第一部での筆者の提起とも重なる。「おわりに」で紹介されている、「『3.5％』の人々が非暴力的な方法で本気で立ち上がると社会が大きく変わる」

という呼びかけ（ハーバード大 Erica Chen; uweth & Maria J Stephan）は、日本における端緒的な市民運動への力強い応援となっている。

以上が斎藤の主張の概要である。MEGA資料の綿密な検討をベースに、マルクスの「新解釈」、「脱成長コミュニズム」など、〝ラディカルな〟主張を随所に読み取ることができた。

斎藤はまた、「あまり知られていないことだが」とことわりつつ、「マルクスは〈コモン〉が再建された社会を「アソシエーション」と呼んでいたことに触れている[23]。「アソシエーション」は、経済的形態規定の観点から捉えた労働の疎外を克服する鍵であるとともに、自然と人間との亀裂・軋轢を克服していく（ラディカルな潤沢さを獲得）鍵でもあると考えられていたのではないだろうかという。

斎藤の提起が迫っているは、『資本論』（マルクス）の読み方だけでなく、ソ連（「国家集権型社会主義」）崩壊後に、マルクス主義になお可能性を求めたアソシエーション論におけるそれとのふたつのアップデートなのだと考えられる。

そこで、次章では、アソシエーション論について、田畑らの研究を踏まえるとともに、鈴木の将来社会論におけるそれとも関連付けて検討し、さらに、近代民主主義を超える民主主義を探求しようとする試みについても、ネグリ／ハートらを手がかりに考察することによって、将来社会論を論ずるために必要な課題を確認していきたい。

1　斎藤幸平『大洪水の前に―マルクスと惑星の物質代謝』２０１９　堀之内出版 p．３２８。この提起のもとになっている『資本論』評価が次のように示されている。「マルクスの経済学批判にとっての中心的な問いは、「労働過程が資本の下でその包摂によってどれだけ変化を被るか」という問題だった。資本の物象化の下で被る労働過程の変容と、そこから生じる人間と自然の物質代謝の亀裂を分析することが、『資本論』なのである」斎藤 前掲書 p．１１０

2　人新世という用語は、パウレ・クレッソンによる。人間たちの活動の痕跡が地球の表面を覆いつくした時代の意。クリストフ・フレリス『人新世とは何か』２０１８ 青土社「現代思想」２０１７．１２ 特集など参照

3　唯物論研究協会『唯物論研究年誌23号21世紀の〈マルクス〉―生誕２００年』２０１８ 大月書店（座談会「マルクス研究の過去・現在・未来」）

4　Kohei Saito: Natur gegen Kapital, ２０１６（DC論文）英語版２０１７、斎藤「マルクスの近代農業批判の成立と抜粋ノート」（『唯物論 88』）２０１６、同「マルクスのエコロジーノート」（ニュクス第3号 堀之内出版第一特集 マルクス主義からマルクスへ）２０１６、佐々木隆治『カール・マルクス―資本主義と闘った社会思想家』２０１６ ちくま新書、岩佐・佐々木『マルクスとエコロジー』２０１６ 堀之内出版（斎藤「フラース抜粋」と「物質代謝論」の新地平）など参照

5　ここでの「グルントリッセバイアス」とは、「資本主義は、基本的に社会主義を準備する社会で、ある意味では資本主義を通過しないと本当の社会主義は成立しないという主張」と説明されている。

6　『［増補改訂版］マルクスの物象化論』２０１８巻末、『カール・マルクス』第3章　資本主義とどう闘うか―晩期マルクスの物質代謝論の思想から　など参照

7　ＭＥＧＡＮの刊行状況は、１９９２年以降の新刊行体制のもとで、全体は１７０巻から１１４巻になって

おり、第Ⅱ部門　資本論と準備労作全15巻がすでに2012年に刊行済み。構成でみると、第Ⅰ部門、第Ⅱ部門以外の著作、論文、草稿が23／32、第Ⅲ部門の往復書簡では、14／35、第Ⅳ部門（抜粋・メモ・欄外書き込み）も、14／32が刊行されている。

8　ケヴィン・アンダーソン『周縁のマルクス：ナショナリズム、エスニシティおよび非西欧社会について』平子友長　監訳、明石英人・佐々木隆治・斎藤幸平・隅田聡一郎　訳　社会評論社　2015

9　『唯物論研究年誌23号』2018　pp．64－72から要約

10　1843年結婚してパリに引っ越したマルクスが、スミスやリカードを読み始め、はじめての本格的経済学研究にとりかかった。その過程で、1844年5～8月にかけて作成された抜粋ノート群を『パリノート』と呼んでいる。この一部が、『経済学・哲学草稿』として、1932年刊行される（アドラツキー版）。『経済学・哲学草稿』は、西欧マルクス主義者によるソ連批判の議論を呼ぶことになるが、政治的関心に従属させられずに、MEGAに依拠してより客観的に構成する必要があるというのが斉藤の基本スタンスである。斎藤はさらに、「人間主義＝自然主義」というモチーフに着目することで、先行研究における「疎外論」をめぐる哲学的論争のパラダイムを乗り越えて、『パリノート』の意義を経済学批判の見地から理解することが可能になるだろうと、問題設定を明示している。

11　同時にマルクスは、封建的土地所有における労働に、肯定的要素を見ており、それは、個人（小作農民）が労働する主体として（耕作作業そのものにおいて）振舞うことができたという意味だと考えているという。

12　この「近代の現実的矛盾」を、社会的諸関係から解明することで、変革のための物質的条件を示さなくてはならないとするのが、マルクス独自の唯物論的方法であるとも指摘している。同様の理解が、佐々木2018でも示されている。

13　引用は、MEGAⅡ－1『要綱』p．74より

14　斎藤によれば、リービッヒの影響がマルクスにはっきり見られるのは『資本論』においてで、『要綱』のような1850年代の用法は、「ロンドンノート」の中の『省察』1851．3で初めて見られるという。また、『省

察』に先行する、ローランド・ダニエル（『ミクロコスモス　生理学的人間学の構想』１８５１．２を読んでいたことが、マルクスが「物質代謝」という着想を得るきっかけとなったことを示し、リービッヒ『農芸化学』１８５１．７の研究などを経て、「ロンドン・ノート」に結実していったと述べられている。斎藤『大洪水の前に』ｐｐ．77－92（ここでの筆者の注記は「物質代謝論の起源をめぐって」という該当部分の、ＭＥＧＡ資料による詳細な記述のごく一部の抜粋にとどめた）

15　斎藤の指摘の要点は以下の通り。『要綱』におけるこの物質代謝の用法は、形態転換（Formwechsel）、素材転換（Stoffwechsel）とでも訳すべき。マルクスによれば、労働は自然的条件や自然法則の作用を超えることはできないゆえに、労働によって与えられた人工的な姿態と自然の再生産法則との間には一定の緊張関係が存在しているという理解が前提（斎藤ｐｐ．９０－９１）

16　各章の項目は以下の通り。
第４章　近代農業批判と抜粋ノート［資本論とリービッヒ］［『ロンドンノート』と「収穫率逓減の法則」批判］［４０年代のリービッヒとジョンストンの楽観主義］［資本家リービッヒの誇張］［『農芸化学』第７版における略奪農業批判］［環境帝国主義とグローバル環境危機］
第５章　エコロジーノートと物質代謝の新地平前書き［『新論』とリービッヒ再考］［リービッヒとマルサスの亡霊］［フラースの物質代謝論との出会い］［フラースの沖積理論］［気候変動と文明の危機］［素材的世界の限界としての気候変動］［資本の弾力性とその限界］［抜粋ノートと自然の弾力性］［環境危機と経済危機］

17　「第７章ｐｐ．３２０－３２１より抜粋

18　「マルクスの『ザスーリチへの手紙』（１８８１．３．８正書　他に草稿３種）の邦訳は戦前にあり、その内容に注目した論稿もあった（日南田「マルクスの『農耕共同体論』」北海道大学『経済学研究』24－１１９７４）が、この「手紙」（「下書き」を含む）が注目を集めるようになったのは、１９６０年代以降…」とされている。田中真晴・小島修一「経済思想史におけるロシア論―共同体の問題を中心にして―」（経済学史学会「学会展望」第19号１９８１）（「手紙」は、大月書店『マルクス・エンゲルス全集』第35巻ｐ．１３６、19巻ｐ．２３８　に収

録されている。ＭＥＧＡでは、第Ⅰ部門25巻に収録。ザスーリチへの手紙につては、佐々木らの研究でも注目されている。

19　ＭＥＧＡ第Ⅳ部門、草稿・抜粋ノートによる斎藤の検証の妥当性については、すでに触れたように平子や佐々木、隅田などマルクス研究者によって肯定的に受け止められているところである。

20　この後、「ザスーリチへの手紙は、『人新世』を私たちが生き延びるために欠かせないマルクスの『遺言』なのである」「未完の『資本論』を『脱成長コミュニズム』の理論家として引き継ぐような、大胆な新解釈に今こそ挑まなくてはならない」という章末の提起がある。

21　ここでいう「潤沢さ」は、物が豊富にあり容易に入手可能という意味ではなく、人工的希少性の領域を減らし、消費主義・物質主義から決別した「ラディカルな潤沢さ」と呼ぶものである。資本主義の人工的希少性に対する対抗策が、〈コモン〉の復権による「ラディカルな潤沢さ」の再建であるともいう。資本よって作り出される新商品を追い求めるのでなく、〈コモン〉の拡大によって、暮らしに時間的・精神的ゆとりを取り戻すというニュアンスである。

22　この後も、コモンズは、誰でも無償で必要に応じて利用できるという意味で、潤沢であったといえること、〈コモン〉を解体し、人工的希少性を生み出している資本主義に対抗して、潤沢な社会の創造を目指すのが、マルクスの脱成長コミュニズムである、〈コモン〉のポイントは、人々が生産手段を自律的水平的に共同管理するという点にある、そして、ワーカーズコープなど協同組合をマルクスも肯定的に評価していたことなどの〝ラディカルな〟提起が続いている。

23　斎藤『人新世の資本論』p．145上記に続いて、マルクスは将来社会を描く際に、「共産主義」や「社会主義」という表現をほとんど使っていない。代わりに使っていたのが、この「アソシエーション」という用語なのであると説明している。

# 第六章　社会変革の新たな主体像を求めて

本章では、資本主義社会に代わる新たな社会構想論の構築に向けて、マルクスのアソシエーション概念を中心に、21世紀の新たな社会構成単位としてのローカルコミュニティの可能性を探るとともに、マルクス自身の未来社会論はもとより、ネグリ／ハートなど民主主義論の深化・発展を目指す主な理論的（実践的）提起を対象に、その妥当性を探ることを目的とする。

はじめに、（1）大谷貞之助の論[1]を参照しつつ、マルクスのアソシエーション概念の要点を押さえるとともに、20世紀末の「社会主義国」崩壊のもとで、マルクスの理論の可能性をアソシエーション論に見た田畑稔の所論の検討を行う（ソ連崩壊、「国家集権型社会主義」の限界と労働者の「結合」）。次に（2）アソシエーション論との関連で、マルクスの経済学批判にみる民主主義論について、その議論の基盤となる哲学批判、「新しい唯物論」、中期マルクスにおける社会関係論、国家論、人格論について検討する。さらに、（3）近代を相対化し、世界的な視野で新たな変革主体論を提起したネグリ／ハートらを中心に、近代民主主義に関する諸論を取りあげその可能性を探り、巻末での変革主体形成についての考察の手がかりとしておきたい。

## 第一節　将来社会構想におけるアソシエーション論の可能性

### 1　アソシエーション論の検討に先だって

「『アソシエーション』は単なる将来社会像ではなく、資本の展開が現実的・必然的に生み出すもので、社会的陶冶過程として、理解される必要がある」という鈴木敏正の指摘があった[2]。この「社会的陶冶過程」という語には、物象の人格化が賃労働者に現れることに対して、労働者の「並外れた意識」によって、物象化によってもたらされる疎外が克服されていく過程という意味が込められていた。

鈴木においては、「現実的に〝労働する個人〟の立場から、〝私的労働と社会的労働の矛盾〟を乗り越えていくのは、〝協同労働〟の実践であり、それらに根拠づけられた〝社会的協同(広義の association)〟(自由な人格の社会的連帯、連合、協働)の展開」として示されている。そしてこの「社会的協同の展開」は、「人格に即していえば、〈私的個人と社会的個人の矛盾〉を克服する〈協同性〉を、それを基礎として〈市民と公民の分裂〉を乗り越える〈公共性〉の実践的陶冶過程である」と説明され、association 概念をより広く、〝協同性〟においてとらえ、人格論として展開しようとしていることがわかる。鈴木が、アソシエーションを社会的陶冶過程として理解すると言うとき、現代社会を資本主義的生産様式の側面からとらえ、その変革主体形成の契機を、社会全体の変革過程に位置づけ、人格論として展開しようとする意図がそこにある。

田畑は、アソシエーションを、「ソ連型」の国家集権型の社会主義モデルに代わる〝媒介概念〟として位置付けており、〈ソ連後〉を乗り越える未来社会像においてマルクスの理論がもつ可能性を示そうとしている。佐々木による物象化論の展開においては、特に「あらゆる生産手段の協同占有に基づく、労働者の個人的所有の再建」という(「アソシエートした社会的諸個人の所有」)理解が示されている。鈴木の論においては、それらと重なりつつ、地域づくり実践を念頭に置いた独自の展開が目指されている。したがって、本書において必要な作業は、今日の日本社会の行き詰まりを打開する方法としての、地域づくり方略、将来社会像とそこへの道筋を探るために、マルクス自身のアソシエーション論の内容、その可能性を確認したうえで、鈴木の将来社会論の妥当性（他の諸論との差異）と可能性を明らかにすることである。そのために、まずは、鈴木、田畑、佐々木の論の関連する部分をとりあげる。具体的な作業としては、鈴木『21世紀に生きる資本論』の序章、田畑（２０１５　３、４章）、佐々木（２０１８　６章）の著書の再読から始めることとする。

## 『21世紀に生きる資本論』序　－１（鈴木）より

本書冒頭で、「将来社会への諸条件が現代資本主義社会の展開から生まれてくること、とりわけ将来社会への担い手が形成されてくるという『陶冶と主体形成』の論理を重視したい」という狙いが、編者の一人として鈴木によってまず示されている。さらに、「本書で『社会的陶冶』というのは、時に教育学用語として理解されがちな『陶冶』に対して、資本の展開に伴う社会過程としての陶冶過程に注目するからである」とも述べられている。この用語法の意味するところは、まず、教育学用語（陶冶と訓育）よりは広い概念ということは、明らかであるとしたうえで、「『労働する諸個人』がグローバル化する今日の資本の運動によって、生活の生産・再生産過程の全体を通して陶冶されるという基本的論理を考察する」と説明されている。この説明には、考察の広さは示されているが、教育学用語とは異なる陶冶概念の内容そのものについて踏み込んだ説明はなされていない。変革・創造の主体としての諸個人を形成していく社会的力といった意味合いがひとまず想定されよう。マルクス自身の用語法に〝陶冶〟があるわけではないので、『資本論』のどの部分、内容に関連付けて論じられているかを確認していく作業が必要である。

『21世紀に生きる資本論』序 Ⅰ 2（宮田和保）より

ここでは、ソ連型社会主義の崩壊前後に「社会主義社会」論の再構成が迫られるという状況の下で、「所有基礎論の批判および『生産』『労働』概念の再検討は、『労働する諸個人』を必然的に復活させ…個々人が自由な意思で自覚的・積極的にアソシエイト（結集）する『アソシエーション論』に着目させることになった」としたうえで、「アソシエーション」論は、「労働する諸個人」の在り方から「現存社会主義」を評価する理論的な基準を提供し、現代の資本主義のなかにあるアソシエーションの萌芽的なエレメントを実践的に促進・発展させることを要求すると述べて、鈴木と同趣旨の内容をより「アソシエーション」論に引き寄せて提起している。そのうえで、「アソシエーション」論を労働者の〈形成陶冶〉論と一体のものとしてとらえることの意義を強調している[3]。

以下「労働時間制限」「労働立法」「資本の規制による物象化の止揚」「生産力」と「労働の疎外」などの主要な論点を示しつつ、さらに、マルクスの「物質的生産過程」概念が、「物質的財貨の生産」だけでなく、「現実の社会的生活過程」「生活の社会的生産」「物質的生活の生産」を指示するものであることを踏まえ、「労働を基礎とする社会把握」の論理を深める意義に言及している。

最後の「階級闘争が『物質的生活の生産』の全領域にわたって、したがって労働運動、および市民運動・NGOなどの様々なアソシエーションの諸形態をとりながら、さらにその統一において遂行されなければならないこと」を、マルクスの「唯物論的歴史観」が教えているという宮田の論については、「アソシエーション」論の評価の観点として吟味したい。こうしてみると、鈴木、佐々木、大谷におけるマルクス理解の相違と重なりについて、なお慎重な検討が必要なことが示唆される。この点の吟味は、現在の日本社会における変革への契機を見出し、よりよい地域社会の未来に向けた運動の方向性を示す理論構築にとって重要な作業と思われる。

## 2　アソシエーション論の概要

### ①　大谷禎之介のアソシエーション論

#### アソシエーション論とローカル世界の意味

大谷は、『経済学批判要綱』の一節「アソシエートした諸個人による自分たちの全生産の制御」から、議論を始めている。まず、「マルクスはなぜ未来社会をアソシエーションとよんだのか」と問い、視点として次の7点を挙げ、結合された労働者がどのようにしてアソシエーションを形成する諸個人になっていくのかに議論を進めている。

- 自由な諸個人のアソシエーション
- 社会的労働と協同的生産
- 生産過程の意識的計画的な統御
- 社会的生産
- 社会的所有
- 個人的所有

・協同組合的な社会

ここでの「アソシエートした」というのは、人々の相互的な主体的、能動的、意識的な関りによって形成されたという意味合いで、「結合された」と訳されている場合もあるという[4]。そして、これは、マルクスが「ゴータ綱領批判」で「共産主義社会」と呼んだものと同じであるとしている。

次に、「アソシエーションの土台は、アソシエートした労働の生産様式である」として、生産様式と社会様式の区別の上で、「アソシエートした生産様式」というのは、「自発的な手と臨機応変な知力と楽しい心をもって自分の仕事をこなすアソシエートした労働」というマルクスの言葉を引用している。

次に、「アソシエートした労働とはどういう労働か」を問う。その特徴として挙げられるのが、次の5点である[5]。

〈1〉労働する諸個人が主体的、能動的、自覚的、自発的にアソシエートして行う労働
〈2〉労働する諸個人が、彼らがアソシエートして生産する社会的生産物によって、彼らの欲求＝必要を満たすために行う、直接に社会的な労働
〈3〉アソシエートした諸個人が…全生産を共同して意識的・計画的に制御する行為
〈4〉多数の労働する諸個人による協業として行われる社会的労働
〈5〉生産過程への科学の意識的適用（協働による自然の制御）

これらが、「ゴータ綱領批判」にいう「労働…それ自体が第一の生活の欲求になる」という記述の本質的な内容であり、「自己の個人性すなわち個性を全面的に発揮、発展させることができる労働…これが、アソシ

エートした労働の決定的な人間的本質」であるとしている。

そして、アソシエートした労働について、二重の意味での社会的労働、すなわち①私的労働に対する社会的労働　②個別的労働に対する社会的労働の2点を挙げている。アソシエーションという新たな概念は、アソシエートした生産様式を土台として成立する社会システムだというのである[6]。

続く説明で、「アソシエートした諸個人による全生産の制御」について、詳しく引用・要約している。まず、マルクスは、市場のメカニズムによらずにどのようにして社会の全生産の規制が行われると考えていたのか?と問い、「共同で取得した生産諸条件をアソシエートした協同組合組織ないし諸アソシエーションを通じて一つの計画に基づいて全国の生産を調整するという仕方で、社会的生産を共同的に制御する…この制御の最も基本的な内容は、総生産手段と社会的労働とを様々な部門に配分するということ」であり、「計画に基づいて行われる社会的生産」は、いわゆる計画経済の一種であるが、「計画経済」とだけ特徴づけるのは、明白に誤りで一面化であるとしている。

さらに、資本主義経済の自然発生性、無政府性と対置するのも誤りで、「全国の生産を調整する主体」は、「アソシエートした協同組合的組織」であって、「共同的で合理的な計画にもとづいて社会的な仕事を行う、自由で平等な生産者たちの諸アソシエーションからなる社会」が想定されているという。

全国の生産が意識的・計画的に調整されるためには、「全国的で単一のプランが必要」であるが、それは「アソシエートした諸アソシエーションが、一定のフィードバックシステムのもとで、意識的、理性的、協働的に遂行する」ものであるという。ただし、マルクス自身は、そうした調整について具体的には語っておらず、それは、「アソシエートした諸主体が自らの『歴史的発展度』に応じて実践的に解決していくものと確信していたからであろう」としている。

ここでの大谷の説明・理解を追ってみると、「自覚的」などの形容詞をつけることで説明しようとする叙述が見られ、アソシエートという語の意味じたいはドイツ語の原語を示すにとどまっている。強いて言えば、共同・協同に近いと意味合い言える。大谷の別の論文[7]で、「アソシエートした諸個人」の概念について述べたところでは、「アソシエートした」は、受動的な意味ではなく、能動的意味合いであるという点を強調している。

以上の内容を含む大谷の編による『21世紀とマルクス』は、「新たな1000年紀の最初の100年である21世紀に、人類はいよいよアソシエーション社会、すなわち労働する自由な諸個人がアソシエートして自覚的に形成する社会に向かって巨歩を進めることになろう」という展望を共有している。

ここでは「取得法則転回の法則」「個人的所有の再建」についての検討を踏まえて、マルクスのアソシエーション概念について論じた佐々木隆治、21世紀を展望して、「マルクス再読」の鍵としてアソシエーション概念に注目し、社会運動、社会主義運動の再生の基本方向をめぐる議論を展開してきている田畑稔の著作の内容を合わせて参照することで、アソシエーション、あるいはアソシエートした諸個人についての理解を深めておきたい。

### ② 佐々木隆治の物象化論と所有に関する論から

佐々木は、「取得法則転回論」においてマルクスが主張しようとしたこととして、「全面化した物象の支配によって生み出される矛盾の展開が…ある必然性をもって新しい共同性、すなわちアソシエーションのための客体的及び主体的条件を形成するということ」について述べているが、ここでいう「ある必然性」は「取得法則転回論」に関わっている。

「取得法則転回論」自体は、「自己労働に基づく所有」から「他人労働による他人労働の取得」への必然的転化のことをいう。『資本論』(第1部)での記述としては「所有はいまや資本の側では他人の不払い労働またはその生産物を取得する権利として現れ、労働者の側では、自分の労働の生産物を所有することの不可能性として現れる。所有と労働の分離は、仮象的には両者の同一性から出発した法則の必然的な論理的帰結となる」という箇所が示され、次のような説明が続く。

この論の目的はプルードン批判、つまり、「自己労働」による物象的関係の正当化を根本から批判することにある。マルクスは、「自己労働に基づく所有」という仮象に基づく資本主義的取得の正当化を根本的に批判している[8]。取得法則の転回でいわれる矛盾とは、「自己労働に基づく所有」と「他人労働の取得」の間の矛盾ではなく、近代的な(=物象化を前提とした)「所有・自由・平等」に内在する矛盾だという理解である。

この佐々木の理解は、共産主義社会において実現される生産物の所有は、「自己労働に基づく所有」ではなく、「生産手段の所有に基づく所有」によるもので、「個人的所有の再建」とマルクスが呼んだものである。この点については、佐々木も詳細に論じている。佐々木の「個人的所有の再建」についての理解は、物象化論と一体のものとして展開されている点が重要である。それは、「近代的な『所有・自由・平等』に内在する矛盾とは、それこそが物象化であり、物象の人格化に他ならない…近代的な所有・自由・平等の内実は、物象の人格的担い手としての所有・自由・平等に他ならない」という一節に端的に表されている。その詳細は、以下のとおりである。

資本家と労働者の関係を商品流通の外観のみで見てしまうと、資本家による「不払い労働」の取得による剰余価値取得が見えなくなってしまう。

「取得法則転回」とは、商品交換の外観による価値取得という外観が、上記の関係の内容を示すもの、つまり、等価交換が、物象化によって資本主義的取得に必然的に(そもそも初めから)転回しているという指摘である。

マルクスは、プルードン批判(商品交換、流通過程のみを見て、物象化による矛盾を見逃してしまう)をしつつ、近代的な所有の批判―本質の提示を行い、さらに、この矛盾が、労働者に敵対的に現れることによって、「アソシエーションの客体的・主体的条件を形成する」というのである。(個々の労働者における雇用＝労働力商品の売買だけをみてしまうのではなく、資本―労働の関係の全体を捉える)

資本主義的生産における「自己労働に基づく所有」の概念を持ち出すことは、個々の売買関係に視野を狭めてしまい、商品生産の全面化のもとでの物象化によって生じる状態を捉えることができなくなってしまうということになるというのである。

「取得法則転回」論の要点とマルクスの意図は以上のように読み取ることができるが、さらに、近代的所有の概念について、マルクスの未来社会論（共産主義社会像）に関わる重要概念である、「個人的所有の再建」の意義について、佐々木の理解を押さえておきたい。

マルクスが「個人的所有の再建」について直接語っているところとしては、「資本主義的生産は、自然の変態を支配する宿命に従って、自らそれ自身の否定を生み出す。それは否定の否定である。…この否定は、…あらゆる生産手段の共同占有にもとづく労働者の個人的所有を再建する…」という『資本論』第1部第24章7節「資本主義的蓄積の歴史的傾向」における一節が有名である[9]。

この部分に、「独立した個人的労働の必然的帰結に他ならない私的所有」という表現があり、これが、『資本論』第2版で「自己労働に基づく個人的な所有」となっているために、そこに、近代的私的所有を読み込もうとする抜きがたい傾向が、平田清明、有井、頭川らの議論にあるが、それは完全な誤りであると佐々木は言う。

佐々木は、「自己労働に基づく所有」は「仮象」であって、「前近代的所有を否定して、資本主義的生産様式を生み出すことは、生産者の生産手段からの本源的な引きはがし、すなわち『本源的蓄積』によってなされるほかない」とし、「否定の否定」によって「再建」される「個人的所有」とは何を意味するのであるかと問う。

これに対するマルクスの考えは、「（資本家による所有ではない形態は）労働者が生産手段を私的諸個人としてではなく社会的に占有しているということ…労働者たちのこのような社会的所有、すなわち否定された個別的所有の対立表現、…このような転化は、物質的生産諸力の一定の発展段階を必要とする。しかし、所有と労働の分離は、生産諸条件の所有が社会的占有に転化するために避けて通ることができない通り道であり…この労働に対する資本家の個人的所有が止揚されることができるのは、ただ、彼の所有が変革されて、自立的個別性にある個別者ではない者の所有、つまりアソシエートした社会的な個人の所有としての姿態をとることによってだけである」というように説明される[10]。

佐々木は、この一節をとらえて「資本主義的蓄積の歴史的傾向」の原型となっているという。そして、この「資本主義的蓄積の歴史的傾向」として述べたもの（「協業および土地を含む、あらゆる生産手段の共同占有に基づく、労働者の個人的所有」）が、マルクスの『資本論』１８６１‐６３草稿の「アソシエートした、社会的な個人の占有」と同じものであることは明らかであろうとしている。

ここでは、「アソシエーション」が、労働者諸個人による生産手段の所有（共同占有）による資本主義的所有の否定の過程において形成されていくことが述べられている。したがって、アソシエーション形成には、労働者による生産手段の所有と、それを土台とした社会的生産の結果としての社会的所有という、ふたつの契機が含まれていると理解できる。この点を確かめる意味で、もう少し佐々木によるマルクスの読みを追って要約しておく[11]。

資本主義的生産関係においては、…前近代的な私的所有は否定されなければならない。（個人的所有は、なんらかの共同体所有ないし、人格的紐帯を前提としており、諸個人の生産手段および生活手段への本源的関りが否定されておらず、市場形成を阻害する素材的関係が存立している）

この「否定」を実際に遂行したのが「本源的蓄積」である。

他方、この全面的な物象化としての、個人的所有の否定としての資本主義的生産様式の中から変革の契機が生まれてくる…この契機が『資本論』全編にわたる主題であり、この契機の実践的な発展の結果として「アソシエートした、社会的個人の所有」「協業、および土地を含むあらゆる生産手段の共同占有に基づく、労働者の個人的所有」が実現される。この個人的所有はもはや私的所有ではない。

「アソシエートした社会的個人」が生産諸条件を本源的に所有する。ここでは、所有は労働の前提。ここにおいて、労働と所有の「本源的統一」は再び回復」される。

このアソシエートした諸個人による所有は、物象化に対する強固な抵抗力をもつ…それは、単に全面的物象化である資本主義への抵抗からだけ生まれてきたという理由からだけではない。

以上のような、近代的所有の否定による「個人的所有の再建」についての検討を踏まえて、アソシエーションの意味が次のように示される[12]。

社会的個人による所有は…前近代的所有形態とは異なり、諸個人がすぐれて意識的・自覚的に人格的結合を形成することで、能動的な素材への関りを実現し、自由な個性の発展の条件を作り上げていくという点で、全面的な物象化を乗り越える力を持つ。それはたんに諸個人の意識的・自覚的な結合であるというだけでも、所有と労働の統一であるというだけもなく、諸個人の意識的・自覚的な結合のもとに一層自由な素材的関りを作り出すからこそ、物象化を克服し、自由な社会を展望することを可能にするのである。これこそが、マルクスが「アソシエーション」という言葉によって示そうとしたことであった[13]。

このような佐々木の理解を踏まえて、アソシエイトの意味合いについて、若干の私見を以下記しておく。生産者と生産手段の分離の克服＝共同占有を内容とする社会化された労働においては、訓練され、結合され、組織された労働者の形成が対応していると思われる。したがって、田畑らによる「ソ連型」崩壊後に見出すマルクスの可能性は、国家集権型ではない労働者のアソシエーション（訓練され、結合され、組織された労働者）ということになる。この結合の原語であるアソシエーションをもって、「ソ連型」に代わる〝本来の〟社会主義・共産主義による将来社会像を描くにあたっては、今日の資本主義的生産様式（グローバル化し、金融市場など高度に発達した）の否定に立つ〝新しい形態〟とは、どのようなものかについての積極的・明解な提起が必要である。その際〝協同組合〟だけでは不十分で、鈴木敏正の「すでに始まっている未来」をどう読むか、ローカルなアソシエーションから、ナショナル、グローバルなアソシエーションへの展開という、いわば経済の大構造をどう描くかが課題である。

マルクスの所有論を踏まえて展望される近代的自由論は画期的な意味を持ち得るが、市民革命によって封建制が打破され、近代的自由（人権）が獲得されたという〝政治的〟なとらえ方と、物象化に依存しており限界をもつということまで検討してきた佐々木の所有論の検討を踏まえた提起との関係をどのように考えるかも、そのつぎの課題である[14]。

次に、「ソ連型」崩壊後のマルクス再評価に関わって触れた、田畑の「マルクス再読」の内容を見ておこう。

### ③ 田畑稔『マルクスとアソシエーション　マルクス再読の試み』（2025）にみるアソシエーション論

同書の前書きにあたる部分で、アソシエーション概念に焦点をあてたマルクス再読という全体のねらいと構成を説明した際に次のように述べている。

「未来社会は、『アソシエーション』として、つまり『個人性』の本格的展開にもとづく『共同性』の自覚的形成として構想されるべきであって、単に『共同体』『共同社会』『共同性』の回復というように、無限定なものとして了解されてはならない」（第2章　「諸個人の連合化」）そして、マルクスのアソシエーション論の基本的性格は、〈周辺論的〉、〈補足論的〉に「現行システムを前提にしつつそれに二元的にアソシエーションを対置するという立場ではなく、その形成過程は、脱アソシエーション過程をはらみつつ、諸個人の自己統治能力の歴史的展開に応じて進展する」という理解を示している（第3章）。さらに、これらを前提に、「今後に向けての課題」として次のように問うている。

諸個人が生産主体としても、消費主体としても、責任主体として「合意」形成過程に論争的に関与しつつ、生活の社会的再生産過程に対する主体的コントロールを確立すべきだとする、マルクスのアソシエーション概念は…市場調整や官僚調整のような没価値的で物件化された総社会的調整諸形態にはらまれる深い危機が、単に経済的視点からだけでなく、エコロジー的観点からも自覚される現在…どのように生かしうるものなのか。

続く「序論」では、アソシエーションの訳語問題と合わせて、「アソシエーションという社会形態と『アソシエートした知性』という理性形成が相関的なものとして構想されていたマルクスの構想が、エンゲルスにより根本的加筆修正を受けた上に、大月全集版で「結合された理性」と訳され、二重に〝隠されて〟しまった事情などに注意を促している。その上で、「社会的編成」論と「アソシエーション」について、次のように述べている。

マルクスの「唯物論的歴史観」については、論争的連関で諸断片が残されているだけだが、「社会的」と表現された領域が、固有の一領域として繰り返し現れることに注視を促し、マルクスは四分割的に考えていたと了解されるであろうと述べている。四つとは、①物質的生活の生産再生産の領域　②社会的生活過程、社会的編成ないし社会組織の領域　③政治的生活過程ないし国家的編成の領域　④精神的生活過程ないしイデオロギーの領域であり、この領域は、第①〜④という順序も重要であるとする。①から④へと各々が前提となっているというのである。そして、この四領域を前提に、「社会的編成」について4つの基本型として、次の4つを示している。

〈1〉自生的共同体（諸個人は非自立的で、より大きな共同体に所属）
〈2〉商品交換社会（市民社会によって、自生的共同体が代位されていく）
〈3〉権力社会（資本による労働者の実質的包摂）

〈4〉アソシエーション

序文の最後では、マルクスの人類史的了解を図式化すると、①自生的共同体としての諸変容②市民社会③アソシエーションという成層的展開が見えてくるとし、もともと「市民社会」内部で展開されはじめた第4基本型である「アソシエーション」が「市民社会」そのものに取って代わるとは、どういうことかを問い、ここから「マルクスとアソシエーション」の問題領域へ入ることとなると結んでいる。増補版での次のような内容が、田畑のアソシエーション論の要点をよく示している。

## 「増補第3章　再読されるマルクス」［8］アソシエーション　より[15]

ここでは、マルクスのアソシエーション概念に、田畑自身の「解放的構想力が最も強く反応した」としている。

その前段で、「意識論再読でマルクスの解放的構想力に着目した」とあり、意識論が前提になっている。意識論の項［5］では、レーニンの『唯物論と経験批判論』における〝意識＝反映〟説に対して、「20世紀初頭の現代物理学論争に、17、18世紀の反映論的知覚論で立ち向かおうとしたもの」と酷評し、「マルクスの意識論とは全く無関係の世界に入り込んでしまった」と述べている。

マルクスの意識論については、『経済学・哲学草稿』『ドイツ・イデオロギー』『資本論』から引き出し、「マルクスは生活活動の実在論にたっている」と述べ、認識を実践の契機としてみる点などに着目する議論を展開している。このあたりに関しては、鈴木が、ヘーゲルの自己意識の概念、特に、感性↓悟性↓自己意識↓

理性という展開の枠組みに依拠している点と、どのようにかかわってくるのかという論点がありそうである。

さらに、田畑は、「ソ連型」のもとでアソシエーションが隠れてしまっている大月書店版「マル・エン全集」では、アソシエーション概念が関連概念と区別されずに〈結合〉と訳されている点を「致命的な無理解と誤訳」と断じている。また、アソシエーション概念が隠れてしまった要因としては、マルクス自身が当時のドイツの歴史的状況を背景に「国家集権型社会主義」を構想していた点にあると述べている。しかし、それにもかかわらず、マルクスにあっては、アソシエーションが未来社会を特徴づける基本概念として、一貫して用いられ続けているとしている。

この増補第3章［8］項の終盤では、『要綱』における「三段階図式」をとりあげ、それは「マルクスの実践的綜合の歴史的構想」であるとし、第3段階には、「自由な交換」「個人的所有」「労働の活動への転化」「自由な個人性」などの意味も、「アソシエーション論の自覚化により…解明できる」としている。この部分は、鈴木や佐々木の「自由・平等・ベンサム」、物象化のもとでは、自由な個人性に限界があるとする考え方と共通する発想を見ることができる。

## 3　アソシエーション論は、未来社会論としての性格を持っているか？

### 田畑の論の特徴と佐々木らの議論[16]

田畑の著書『マルクスとアソシエーション』1994（初版　2015増補）は、ソ連他東欧諸国の「国家集権型社会主義」（田畑）の崩壊後に、『資本論』をはじめとするマルクスの諸著作（『経済学・哲学草稿』「『ドイツ・イデオロギー』『経済学批判要綱』『経済学批判』など）の再読によって、従来のマルクス理解の批判的検討を精力的に行っていた。その際、鍵となった概念が、アソシエーションである。

田畑は、アソシエーション概念の形成・深化過程を、『経済学・哲学草稿』と『ドイツ・イデオロギー』とのあいだにある、マルクスの唯物論の展開を踏まえて論じている。先に見たように補論として「マルクス再読の試み」の要点を整理したなかで、「人類史の中のアソシエーション」の項が、この点での田畑の理解を端的に表している。

それは、「共同体（Gemeinwesen）」「市民社会（die burgerliche Gesellschaft）」「「アソシエーション（assoziation）」という成層的な推移で人間社会の類型を捉えつつ、

「市民社会」は、商品交換をベースに徐々に「共同体」に取って代わった。同時に、「共同体」は、近代家族や地域コミュニティの形で再生産され続ける。「アソシエーション」も「市民社会」の内部に「ゲゼルシャフト的結合体」（テンニース）として生起してくる。

と述べ、関連するマルクスの論（MEW 9 - 129）を引用している。

ここで示されている理解は、現代においても、「共同体」「市民社会」「アソシエーション」が、複雑に関係しあいながら併存しているという理解であり、未来社会の編成原理としての「アソシエーション」が、現代社会の弁証法的否定の上に構築されていくという理解と思われる。

このような理解は、著書の本論において、特に「アソシエーションと移行形態」、「アソシエーションと『自由な個性』」といった章立て、協同組合の歴史的位置づけや、「所有」や「労働」「自由な個人性」といった論点で、マルクス自身の論に忠実に議論を深めようとしている点に現れている。

また、このような理解、論の展開は、物象化論を軸にマルクスの唯物論を読み込む佐々木や、社会的陶冶概念を鍵とする鈴木らと、資本との階級的関係において労働者が主体として持つ可能性を焦点に、資本主義の社会的歴史的性格を踏まえて、社会の変革過程を描こうとしている点では、共通している。

本稿では、近年のＭＥＧＡ資料に基づくマルクス研究の新たな成果を含め、諸研究の到達点を踏まえて、ひとまず将来社会像と変革主体形成論の構図を素描しておきたい。

## 田畑・鈴木・佐々木の所論から考える――若干の考察

田畑は、ソ連崩壊によるマルクス否定に抗して、これまでのマルクスの読まれ方にある誤りや弱さを踏まえ、それを超えるマルクス論の中心として、アソシエーション論を押し出している。そして、アソシエーション論が、マルクスの理論・思想形成の早い時期から一貫していることを、文献的に提示している。

鈴木は、近著『将来社会への学び』（２１１６）、『２１世紀に生きる資本論』（２０２０．４）、『コロナ危機を乗り越える将来社会論』（２０２０．11）において、将来社会論を主題にその主体形成かかわって、社会的陶冶概念を軸に学習論・人格論を展開している。その中で、アソシエーションは協働実践を担う組織として位置付けられている。

佐々木は、マルクスの物象化論をあらためて精緻に読み解いたうえで、「素材の思想家としてのマルクス」という視点で、マルクスは「物象によって編成された眼前の素材的世界において変革を展望した」、「形態と対立する素材という契機に着目し、素材自身の具体的在り方に常に注目していた」という点を、結論的に述べている。そして、この「素材自身の具体的あり方への注目」は、私的労働のもとにおける無意識の形態的論理の克服には「アソシエートした労働への置き換え」が必要であり、資本主義的生産様式＝全面的物象化の克服には「アソシエートした諸個人による本源的所有の回復」が必要とし、その際、アソシエーションの形成の可能性、アソシエートした諸個人における本源的所有回復のプロセス（論理）の解明が、未発の課題として残っており、その探求の試みが、素材への着目であったという仮説を提起している。

物象化・アソシエーション論をめぐる、このような三者の論点を含む研究と議論は、ソ連崩壊後の1990年代から2000年代に展開され、2010年代以降になると、斎藤の著作に代表される最新のMEGA資料を駆使した、マルクスのエコロジー研究、素材への着目が重要な論点として出てきているとみることができよう[17]。

斎藤の『大洪水の前に』は、一連のMEGA資料に基づく研究の中でも画期的な労作であり、これに続く『人新世の資本論』は、エコロジー論へのマルクスの接近を踏まえた気候危機というグローバル課題への新たなアプローチと、資本主義（新自由主義）の次に来るべき経済社会システムへの大胆な提起となっていた。「コモン」の思想が、エコロジーと並ぶ同書での論点となっているが、これは、『資本論』第25章末の「生産手段の共同占有」（『新版　資本論』訳）とされているところを、「コモン」と読み込んだものといえよう。この部分は、個人所有の「否定の否定」として知られるところであるが、生産手段と生活手段を巡っては、論争のあるところである。いずれにしても、この生産手段の共同占有（コモン）は、労働者（諸個人）のアソシエーション、アソシエートしたる労働者（諸個人）と重なってくる。

1　大谷貞之助編『21世紀とマルクス　資本システム批判の方法と理論』2007
2　同　『マルクスのアソシエーション論』2011
『21世紀に生きる資本論』p．159　ここでの鈴木のアソシエーションの定義は、大谷の著書（上記注1）からの引用
3　アソシエーション論を、将来社会論として位置付けるのであれば、労働者の〈形成陶冶〉と一体のものとして捉えるというのは、続く引用のように『資本論』において、マルクスが、物質的生産過程の生活全体への影響について指摘しているとはいえ、いささか無理があると思われる。社会変革において、経済システムとしてのその生産様式がもつ規定性は、特に、資本主義的生産様式の展開が、その極限とも見られる新自由主義の破綻とそれに代わる形態への更新という局面にある今日、大きな焦点であることは間違いないが、一定の限定が必要と思われる。この点については、本書6章における鈴木の「現代社会の構造と社会的陶冶過程（社会的協同と学習）」の表において設定されている縦軸、現代国家における対立軸がさしあたり参照すべき視点と思われる。
4　『新版　資本論』1～12　2019～2021　新日本出版社、不破哲三『資本論全三部を読む　新版』1～7　2021～2022　新日本出版社　などで「結合」という訳が見られる。
5　これらの指摘のもととなっているのは、『資本論』第3部第1章、1864年の「国際労働者協会創立宣言」1871年の「フランスにおける内乱」など、『資本論』第1部出版後の著作が中心である。
6　大谷前掲書p．294

7 大谷『経済志林』73巻1．2号2005 pp．31－32 52－54

8 「自己労働に基づく所有」に対するマルクスによる批判は、周知のように「ゴータ綱領批判」に見ることができるが、所有に関するマルクスの理論の理解については、論争的側面もある。

9 この部分の引用は、佐々木によるMEGAからの引用で、フランス語版によるもの。

10 『資本論』1861～63草稿より（MEGAⅡ－3）

11 本源的蓄積に関して、『資本論』第24章での記述は以下の通り。この記述内容を踏まえて、次段落からの佐々木の論の展開がある。

第1節で定義：資本主義的蓄積（循環論法から抜け出すために）先行する「本源的」蓄積（アダムスミスのいう先行的蓄積）、資本主義的生産様式の出発点である蓄積／生産者と生産手段の分離／プロレタリアートの供給

第2節では、農民からの土地の収奪（典型としてのイギリスにおける〝囲い込み〟について）

第3節では、15世紀からの労働者の状態の悪化と並行する立法について

第4～6節では、農業経営、国内市場の形成、産業資本家の創生、さらには植民地支配による収奪について、リアルな状況が示され、第7節で「資本主義的蓄積の傾向について」と題して、本源的蓄積の結果、さらにそこから導かれる歴史の方向が示される。

ここで、アソシエーションに関連する記述として以下の個所をみることができる。

「資本主義的生産様式が自分の足で立つことになれば、ここに、労働の一層の社会化、および土地その他の生産手段の社会的に利用される、したがって共同的な生産手段への一層の転化、それ故私的所有者の一層の収奪が新しい形態をとる。いまや収奪されるべきものは、もはや自営的労働者ではなく、多くの労働者を搾取する資本家である」

これは、資本家による支配の終焉ではなく、資本の集中を説明している。そして、この集中によって資本制の「発展」が進むのであるが、「資本主義的生産過程そのものの機構によって訓練され結合され、組織される労働者階級の反抗もまた増大する」

そして、この後章末に「資本主義時代の成果、―すなわち、協業と土地の共同占有ならびに労働そのものによって生産された生産手段の共同占有―を基礎とする個人的所有を再建する」の下りが続く。

12　佐々木　２０１８　ｐ．３１９

13　24章末で、「結合」と『新版』で訳されている部分の原語がアソシエイトと思われる。また、その言い換えが、土地・生産手段の〝共同占有〟である。

14　佐々木の指摘は次の通り。

『経済学批判要綱』以降、マルクスはもはや近代的自由に解放の契機を見出さなかった。近代的自由は、アソシエーションを可能にする条件ではあるが、近代的自由そのものは物象化された関係に依存しているのであり、アソシエーションの対立物である。マルクスはむしろ、自由の可能性を共同性と素材的関りの内に見たのであり、それに最も適合する社会形態として、アソシエーションが展望されたのであった。

15　田畑２０１５　ｐ．２９７

16　田畑のアソシエーション論は、ソ連崩壊後の局面における運動論的バイアスが強く、マルクスそのものに即してとしつつも、佐々木らの物象化論についての踏み込んだ議論に比べて、粗さがあるように思われる。アソシエーション概念について、田畑（とそのグループ）以外の議論をきちんと押さえる必要があろう。

田畑の論は、少なくともこの章の限りでは、層構造、領域概念で順序性（歴史性）を想定しており、その移行の論理が見えない。運動としてではなく、順序性を示しいているだけで、「哲学」的視点がベースとなっているのではないかと思われる。あるいは、商品社会における物象化という経済社会的規定を「社会的」に一般化しすぎではないだろうか。マルクスは、哲学から「経済学批判」へと（さらには、エコロジー的視点観点へと）移行していったのであり、その点では、佐々木隆治が物象化論を展開するにあたって、田畑の論におけるマルクスの唯物論の形成過程についての見解を批判的に評価している点が参考になる。（佐々木　２０１８ｐｐ．34－35）この評価は、マルクスの「新しい唯物論」、つまり、「哲学」から経済学批判への移行のとらえ方に関わっており、田畑の市民社会概念の曖昧さ、自生的共同体、市民社会、アソシエーションという「成層的展開」

論の問題性にもつながっている。

17　MEGAに基づく研究は、単にマルクスの〝復権〟というよりは、マルクス研究の進展（方法論の進化・深化）という性格を持っている。1990年代以降のMEGA編纂の事業が、「脱政治化」、「編集の国際化による、マルクス・エンゲルスの思想の歴史的文脈化」といった特徴を持っていることと相関している。（唯物論研究年誌23号『21世紀の〈マルクス〉』唯物論研究会編　2018　隅田論文参照）

## 第二節　マルクスの経済学批判から民主主義論をどう読み取るか？

前節で、マルクスのアソシエーション概念に関する議論を追ってきたが、将来社会論との関係では、人類史におけるアソシエーションの位置づけが問題となる。田畑は、「マルクスの人類史了解」を「①自生的共同体とその諸変容→②「市民社会」→③「アソシエーション」という成層的展開」と図式化し、「アソシエーション」を「もともと市民社会の内部で展開され始めた『第四基本型』」としているが、その際の「市民社会」のとらえ方は、マルクスの「新しい唯物論」、より具体的には、『経済学・哲学草稿』から『ドイツ・イデオロギー』への時期の唯物史観をめぐる議論に関わっており、この論点は、マルクスにおける理論的転回（いわゆる「カールマルクス問題」）としても、民主主義論としても重要と思われる。そこで、本節では、マルクスにおける「市民社会論」に関する議論の若干の整理を行っておきたい[1]。

### 1　市民社会概念について、その基本

市民社会の概念、将来社会論における近代民主主義の相対化の論点とも関わってくる議論であり、本書後半の理論的検討にとって重要な論点でもあるので、不十分であってもあえて一節を設ける所以である。

前提として、市民社会概念についての基本を押さえておく必要があるが、ひとまず本書で検討の中心となっている鈴木（『コロナ危機を乗り越える将来社会論』）や田畑の著書（『マルクスとアソシエーション』）から、関連する部分を参照しておこう。

鈴木は、ソ連・東欧諸国における「社会主義」体制の崩壊と、先進資本主義国における新自由主義＝新保守主義の展開のなか、特に1990年代に「民主主義を推進する期待を一身に受けて、『市民社会論』が国際的ブームとなった」として、アメリカでの「新トクビル主義」、J．エーレンベルク（「国家と市場の間にある社会的諸関係と社会構造を捉えることが重要」とする。『市民社会論―歴史的・批判的考察―』吉田傑俊監訳2001）、J．アーリ（グラムシに基づく「経済構造―市民社会―国家」の枠組みを踏まえた「経済構造と国家との間に存在する社会的諸関係の総体」としての市民社会の理解）[2]、M．ウォルツァー（「非強制的な人間の共同社会 association の空間」、その空間を満たす「関係的なネットワーク」という理解）[3]、コーヘン（国家―市民社会―経済構造の3項モデルに、それぞれを媒介する政治社会と経済社会を位置づけた「5項モデル」）等を紹介したうえで、アーリがすぐれた分析としてマルクスやネグリ／ハートの著作をあげていることに注目している。

田畑は、アソシエーション論を軸に「マルクス再読」を進める中で、マルクス国家論の端緒規定に関連して、市民社会について「我々が〈現に〉日常的相互行為的に形成している生活諸関係の総体」として定義している。そのうえで、「『市民社会』は独自の一契機として、『社会的編成』を有している。家族、民族、都市と農村、産業組織、そして階級というふうに重層的に編成された『社会』がその『総括形態』としての国家や政治過程を分節化する」と、国家との関係にも言及している。

鈴木は、将来社会論を論じる基本的枠組みとして、「グラムシ的三次元」（政治的国家―市民社会―経済構造）、あるいはそれに「自然―人間関係」を加えた四次元を考えており、「市民社会」は、国家と市場（経済構造）

との間に想定される「社会的諸関係の総体」という理解に近い。

マルクス市民社会論の全体的検討をとおして、その現代的な意義を論じる吉田傑俊は、「重要なことは…〈国家とブルジョワ社会〉という二項枠組みではなく、〈国家・市民社会・市場〉という三項枠組みに対しても一定の回答を示すことである」として、いずれの「市民社会」概念に対しても、政治的・経済的・社会的に、すなわち重層的・全体的に把握する、「古典古代的市民社会論の政治的限定性と近代市民社会論の経済的・社会的限定性を、ブルジョワ的市民社会の止揚によって〈協同社会〉を志向するマルクス的市民社会論」を対置する[4]。

以上、ごく簡単に市民社会概念、市民社会論についてみたが、国家と市場（経済構造）との間に、多層的・複数的な社会的関係が想定されていること、近代市民社会論は資本主義体制を前提としているゆえの限界を有していることを、本書での以降の議論の前提として確認しておいてよいであろう。そのうえで、資本主義経済への全面的・根本的批判の上に位置づけられるマルクスの市民社会論とその理論的根拠となっている「新しい唯物論」「唯物史観」についての議論を踏まえて、〝マルクスの民主主義論〟を捉える手がかりとしたい。

## マルクスにおける「市民社会論」

まず、マルクスにあっては大きな理論転換によって市民社会概念の歴史的相対化が図られたとする渡辺憲正の論から見てみよう[5]。この「転換」に関しては、『経済学・哲学草稿』（１８４４年４‐８月）と〈フォイエルバッハに関するテーゼ〉、『ドイツ・イデオロギー』（１８４５年月‐46年）との間に「理論的断絶」を設定するアルチュセールや廣松らと、本書でも物象化論の検討で依拠している佐々木ら「連続」を主張する研究者との論争がよく知られているが、渡辺は、「マルクスは…1843年のヘーゲル法哲学批判を通して、独自の社会理論への転換を果たす端緒を開き、そして理論の諸要素の大半を『独仏年誌』(1844.2)の2論文(1843年秋―「ヘーゲル法哲学批判序説」「ユダヤ人問題に寄せて」)、『経済学・哲学草稿』、〈ミル評注〉(1844年夏)、『聖家族』(1845年2月)等において示す」[6]として、「特に『経済学・哲学草稿』と草稿『ドイツ・イデオロギー』を、細部の差異はあれ、連続性において考察するのが肝要である」として、以下のように整理している。

1. ヘーゲル法哲学批判の2段階

マルクスは、1843年の『ヘーゲル国法論批判』では、ヘーゲルの国家理念と政治体制=君主制との矛盾をつき、国家を構成する根拠であるはずの現実的人間に、その国家を変換しようとする〈民主制〉を提起し、『独仏年誌』期には、その「民主制」概念をも近代の政治的解放に限定し、政治的解放の限界を語ることで、ヘーゲル法哲学を決定的に否定するに至った。

さらに、ヘーゲル法哲学の理論構成は、市民社会の原理を超える政治的理性を前提としており、それは、市民社会の私的本質=在り方を土台・目的としているという限界をもっており、啓蒙主義的理論構成を越えていないという結論に達している。

2. 〈土台と上部構造〉の生成

・「土台」概念によってマルクスは市民社会を人間の「本質」的領域、再生産領域として捉えた。
・従来のあらゆる啓蒙主義的理論構成（政治・法律、あるいは哲学・道徳等の普遍的原理を根拠・前提としていた）を廃棄し、イデオロギー批判の基礎を築いた。

渡辺は、このような整理を踏まえ、近代の理論的パラダイム全体が変容されるべきものとして把握され、マルクス自身が、理論的に依拠すべき根拠を失い、「理論的空白」に陥ったとし、そこに、マルクスの理論的転換の必然性があると、〈土台—上部構造〉の衝撃的意味をみている。

3．1843年の理論転換と市民社会概念の歴史的相対化

ここでは、政治的解放と区別して〈人間的解放〉（欲求、能力、感覚等、自己確証の実現）を提起し、…私的所有の問題にも気づいていた。そして、〈人間的解放〉と市民社会の原理（私的所有）の廃棄との結合を考えていた。しかし、その廃棄は、市民社会の原理である私的所有・私的権利という原理の否定となる。それは、一方で原理と認めつつ、他方でそれを否定するという二律背反となり、マルクス自身が理論的困難に直面することとなった。

市民社会を歴史的に相対化して、一方では人間の「本質」的領域であり、他方ではそれを否定する私的原理を持つ歴史的領域であるという把握、このことが、ブルジョワジーとプロレタリアートという存在把握に

よって、二律背反を解消する理解への転回を導いたというのである。

市民社会の規定が抽象的なものから、ブルジョワジーの支配する階級社会というものに変容し、同時に、私的所有を否定された「人間の完全な喪失」であるプロレタリアートの存在を規定する。そして、この、ブルジョワジーとプロレタリアートとの階級的対立、市民社会（ブルジョワ社会）に内在する矛盾に変革の可能性をみる。それは、自己否定をもはらむ動態的な現実として、主体的矛盾として現れるという。

市民社会批判（内在的批判）の次元で、プロレタリアートの発見（形成可能性）が導かれ、このことによって、マルクスは事実上、「共産主義」へと理論的転換を遂げたと渡辺は考えている。人間の「本質」に関わる再生産領域として把握された市民社会の分析—経済学研究を課題とし、フォイエルバッハ哲学の啓蒙主義的理論構成をすでに超えた次元に到達していたという理解である[7]。

このような、マルクスの理論的転換については、渡辺の別の論考にも、「唯物論的歴史観の創造」として整理されているので、こちらも見ておこう[8]。

渡辺はまず、マルクスは、ヘーゲル法哲学批判を通して唯物論的歴史観を発見したとしたうえで、ヘーゲルは人間の物質的生活関係総体を市民社会（ブルジョワ社会）の名称のもとに総括しているが、この市民社会の解剖学は経済学の内に求められなければならないと、マルクスの経済学研究（批判）を位置づける。また、『経済学批判』序言には、マルクスの唯物論的歴史観、その骨格が簡潔に述べられているが、「土台と上部構造」の概念もそこに端的に示されていることを確認し、「土台の変革」は、生産力と交通形態との矛盾を各個人の経験から離れた客観的現象ととらえずに、各個人が自己の生活の苦悩の内で経験される矛盾として把握されるところから構想されるというマルクス理解を示している。さらに、生産力と交通形態の矛盾とは、生産関係が各個人の生活を破壊するほどに生産諸力を制約する事態のことと説明されているという。

上部構造じたいは、支配階級の存在条件を前提とする限り、その内部での活動は固有の困難をもたらすにせよ、抵抗の橋頭保になり得るというマルクスの理解を示しているが、既存の法制度のもとでの抵抗は、法制度そのものの変革へと進むための条件を作り出すということだろうか。

いわゆる「カール・マルクス問題」については、マルクスのオリジナリティを全体として問う議論として、特に、初期マルクス（『経済学・哲学草稿』『ドイツ・イデオロギー』）における断絶・連続論争があることに触れている。

「支配の思想とイデオロギー」に関しては、「社会的意識形態」とは、「各人の社会的政治的組織行為の意識的な表現」、すなわち、支配秩序・社会統合に関わる意識である点を強調している。さらに、「イデオロギーとは何か」について、自立化した社会的意識形態ととらえ、イデオロギーの特性は階級性／虚偽性と転倒性に現れるという理解を示している。

マルクスのイデオロギー批判が持つ今日的意義については、意識形態の自立を退け、意識から独立した諸関係への批判的な視点を提供するところにあると述べている。

「人類史の構想」については、マルクスは、「アジア的・古典古代的・封建的・近代ブルジョワ的」という4段階を単線的な発展段階として区別したのではなく、あくまで生産力の発展段階によって「累進的（progressive）」な時期として区別していたという点を強調している。

そして、ブルジョワ的生産様式に基づく近代社会に至って、階級支配そのものを廃棄する可能性が作り出されることに触れ、「共同体／共同社会とその解体」に関連しては、ゲルマン共同体においては、共同体は国家として存在せず、各個人が折々に催す「集会」として現存するというマルクスの見解を紹介している。

「マルクスの共同体論」については、土地の共同所有に基づく共同体／共同社会は今日解体したとし、共同体／共同社会の解体は、現代の共同体／共同社会を論じるうえであいまいにできない前提であるとする。にもかかわらず今日理論的には人間の共同的本質を前提として、共同体／共同社会を再建しようとする共同体主義の議論が数多いことに注目し、「解体後」にいかなる根拠をもって、「共同性、共同体」を構想しうるかが問われるとしている。

他方、資源の私的所有は、あまたの公害や「3・11」原発災害など甚大な環境破壊を引き起こし、私的所有のもとに成立する共同存在性とそれゆえに生じる再生産領域を破壊する事態が広がっていると現代社会をとらえている。このことが、環境保全や生活(生産と消費)における相互依存関係の発達を促す側面に触れ、存在(生活)次元の共同性に基づく私的所有の世界において、協同を生み出さざるを得ない根拠があると述べている。

しかしながら、共同体主義や国家の「公共圏」にすべてを託すのではなくて、人々の生活の生産・再生産領域こそ、共同存在性の人々の協同の土台であることを再確認している。

## 2　「新しい唯物論」への移行にあって、マルクス「市民社会論」はどう展開したか？

渡辺の理解によれば、私的所有・私的権利を前提とした「市民社会論」は、ヘーゲル批判を経て、土台―上部構造論に依拠して、私的所有・市的権利を前提とする市民社会の批判(否定)、新たな社会構想へと進もうとしていたとみることができる。

『独仏年誌』の2論文におけるヘーゲル批判を踏まえて執筆された『経済学・哲学草稿』、これに連続する『ドイツ・イデオロギー』へのマルクスの理論の展開過程は、佐々木による「新しい唯物論」への移行という理解と重なっている。次にその内容を確認しておこう[9]。

### 〈1〉「哲学的良心の清算」と「新しい唯物論」の確立

佐々木は、まず、マルクスは、1845年に「フォイエルバッハテーゼ」及び『ドイツ・イデオロギー』を著して以降、「哲学の〈外部〉にポジションをとり続けた」というところから議論を始める。それは、『経済学批判』序言での「1845年…われわれは以前の哲学的良心を清算することを決意した」という言葉に現れていたという。それは、「幻想がなぜ、いかにして現実的諸関係から生成するのかを思考する」という「新しい唯物論的方法」によって、人間の諸実践を制約する諸関係を把握し、社会変革の現実的条件を批判的に捉えなおすという『実践的・批判的』な構え』とも説明される[10]。

さらに、エンゲルスにおいては、唯物論は世界の根源性をめぐる一つの哲学的世界観を表す概念であるが、マルクスにおいては、フォイエルバッハのような、感性的現実を承認するだけの哲学的唯物論を批判することによって「新しい唯物論」が生成してくるという指摘もあるが、この〝哲学批判〟と「新しい唯物論」の確立との関係は十分に解明されてこなかったと佐々木は言う。『経済学・哲学草稿』における哲学批判の質と、「テーゼ」及び『ドイツ・イデオロギー』におけるそれとの差異が不明であり、その差異が重要であるというのである[11]。

### 〈2〉『経済学・哲学草稿』と「テーゼ」・『ドイツ・イデオロギー』における哲学批判の差異

1843年の『独仏年誌』二論文において、すでに、マルクスは「哲学」や「理性」のみに依拠して現実を変革しようという発想を捨てており、『経済学・哲学草稿』になると、より直接的に哲学批判を開始しているという。そこでは、哲学も宗教同様、「人間的本質の疎外のもう一つの存在様式」であるとされ、哲学の思弁性・抽象性が批判の対象となっているという。そして、『ドイツ・イデオロギー』においては、哲学はさらに根源的な批判の対象となり、フォイエルバッハやシュティルナーの〝哲学批判〟もそれじたいが「哲学的幻想」とされ、抽象や普遍がなぜ諸個人に対して疎外態として現れるのかを現実的諸関係から捉えようとする態度こそが哲学批判たりうるのであって、これが、哲学をイデオロギー的に批判するということだとマルクスは考えていたというのである。

この『経済学・哲学草稿』と『ドイツ・イデオロギー』における哲学批判の差異が、どのような意義を持ち、マルクスの哲学観にどのような変化を及ぼしたのかについて、佐々木は次のように述べている。

マルクスは、たんに旧来の哲学の思弁性や抽象的な性格を批判したのではなく、世界を解釈してそこに内在する真理を見出す哲学的問題構成から脱出し、現実的諸関係の革命的転覆という実践的問題構成へ移行したという意味において、哲学の外部へと超出した。（中略）実践的問題構成にいて実践を制約する現実的諸条件を絶えず批判的に捉え返し、いかなる諸実践によって現存する諸関係が再生産され続けているのかを把握することこそが、変革実践の可能性を切り拓くのである。

以上のような内容を持つ「哲学からの超出」が「新しい唯物論」の確立とパラレルであるというのが、佐々木の見方である。現実的諸関係との関連を考察することで、それが発生する原因やそれが持つ現実的効果をとらえるという意味においても、マルクスは哲学の外部にいると佐々木は考えている。これは、例えば、「人間的理念」を掲げて現実の諸問題を批判するのでなく、理念を実体として（実体化して）批判する態度こそが批判されねばならないという考え方を表しているという。

## 〈3〉「実践的・批判的」構えとしての「新しい唯物論」

世界を説明する原理としての物質や感性を措定するのでなく、諸個人の生活実践および変革実践を制約する現実的諸条件を捉えるという問題意識から、変革実践の現実的可能性を展望するのがマルクスの唯物論であり、『経済学・哲学草稿』は、哲学的問題構成を超え出るようとするマルクスの「道程」を示していると佐々木はいう。

その意味では、「テーゼ」や『ドイツ・イデオロギー』における〝断絶〟や〝パラダイムチェンジ〟という議論は適切ではないと考えている。そして、「新しい唯物論」に至る具体的な道程を明らかにするには、ヘーゲル左派との関係だけでなく、『ヘーゲル法哲学批判序説』の時期に開始されていたと考えられる経済学研究との関連を詳細に検討することが不可欠としている。要するに、マルクスの唯物論は、変革のための「実践的・批判的」方法であり、経済学研究へと本格的に向かう「構え」を示しているというのである、その意味で、民主主義に対するマルクスの考え方、マルクスの経済学批判から導かれる近代民主主義に対する批判的視角も、この「新しい唯物論」と深くつながっていると佐々木は考えている。

ここから導かれるのが、次の課題である。

## 3 「新しい唯物論」にたつ民主主義論とは―アソシエーション論の発展という課題

前節を受けて、本来であれば、ここで、「新しい唯物論」に立つマルクスの民主主義論の枠組みを描く作業が必要なのであるが、それについては、ひとまず、先の市民社会論に関する若干の確認と、次節での、グラムシやネグリ／ハートなどマルクス主義の流れに位置する諸論者の議論を概観することをもって替えることとしたい。

1990年代における市民社会論の高揚は、ソ連・東欧の「社会主義」体制の崩壊に直面した時、資本主義社会・国家に対抗する新たな社会・国家体制を構想するための根拠となるひとつの社会像を求めてのものであった。それは、ヘーゲルの国家論に始まり、マルクスの未来社会論に至るまで、人間的共同体の在り方を様々に描いてきた理論の展開であるとも言える。

そのような「市民社会」概念に代わり、諸個人（労働者）の結合としての「アソシエーション」を結節点とする社会を構想するにあたって、近代社会において、国家に対抗する位置で独自の圏域を形成していた諸関係の総体として、「ブルジョワ社会」とは異なる「市民社会」を想定することには、一定の有効性があったともいえる。

その際、近代社会を特徴づける民主主義の在り方をどう更新するのかも不可欠の課題である。マルクスは、近代社会を規定している生産様式としての資本主義の法則性を解明することによって、近代民主主義の歴史的優越性とともにその限界を明らかにしたのではないかと思われる。マルクスに民主主義論を求めるとすれば、近代民主主義のこの限界を超える可能性をもつ、「アソシエーション」論を発展させることが課題と考えられる。その際、手掛かりの一つとなるのが、鈴木の提起する「社会的協同実践」である。

本書では、このような基本的な視角のもとに、以下、鈴木が現代の特徴的な民主主義論の検討を踏まえて提起している「社会的協同実践」論を検討し、第1部で筆者が直接その実践に触れつつ考察を重ねてきた諸事例を踏まえて、あらためて、近代民主主義のとらえ方、さらに（近代を超える）社会変革の主体形成論について巻末で論じたいと思う[12]。

1　平子友長「マルクスの歴史把握の変遷」伊藤・大藪・田畑編『21世紀のマルクス』第7章、渡辺憲正「マルクス社会理論の生成」、大村泉編著『唯物史観と新MEGA版「ドイツ・イデオロギー」』第7章　など参照

2　鈴木は、今日における、社会的協同実践（ボランティア、NPO、協同組合組織などの活動）の広がりと、そこへの「市場化・資本化」「官僚化・国家機関化」の力の作用によるヘゲモニーの対立関係を指摘し、アーリにはその視点がないと述べている。

3　アーリの著書としては『経済・市民社会・国家―資本主義社会の解剖学』邦訳1986 原著1981

M.ウォルツァー編『グローバルな市民社会に向かって』邦訳2001 原著1995

4　吉田傑俊『市民社会論　その理論と歴史』2005　pp.51－52　なお、本書は、市民社会論の理論的問題と歴史的展開についての氏の研究を網羅・体系化した労作であり、ここでは、その狙いから一部を抜粋するにとどまっている。

5　渡辺憲正「マルクス社会理論の形成」大村泉編著『唯物史観と新MEGA版「ドイツ・イデオロギー」』第7章

6　渡辺　前掲書p．173

7　以上は、渡辺『『ドイツ・イデオロギー』の研究　初期マルクスのオリジナリティー』第1章より（当該章は、渡辺前掲書論文がもとになっており、同趣旨）

1章末の「小括」は、以下の通り。

初期マルクスは1843年秋～44年に、旧来の理論構成を根本的に転換して、1　土台―上部構造論、2　市民社会分析　3　変革理論（共産主義）、を要素とする独自の理論形成を果たした。

8　渡辺他編『資本主義を超えるマルクス理論入門』2016 第3章

9　「新しい唯物論」への移行については、すでに、疎外と物象化の理論的関係性の観点で、4章1節末で簡単にまとめているが、ここでは、マルクスによる「哲学批判」（啓蒙主義のそれ）について、そして「実践的・批判的」構えとしての「新しい唯物論」について佐々木の論を追っている。

10 佐々木2018 pp.95-96

11 同前 p.86

12 資本主義的生産様式による近代民主主義の歴史的優越性と限界という枠組み(問題設定)は、いわば土台と上部構造をパラレルに捉えているきらいがあり、民主主義論(政治体制論)として独自の問題設定と検討の必要性を感じさせるが、この点も、人権思想の歴史や近代民主主義批判を鋭く批判するネグリや、古代ギリシャの民主制を拠り所とするアレントの所論なども参考に、ひとまず鈴木による民主主義論の検討を経て考えてみたい。

## 第三節　近代民主主義を乗り越える民主主義論の検討

本節では、主に、鈴木敏正『「コロナ危機」を乗り越える将来社会論』（２０２０）における議論を参照枠に、将来社会論を論ずるにあたってその前提となる近代社会論、民主主義論についての理解を深めることを目的とする。

鈴木は、同書のねらいについて、「『コロナ危機』への対応を直接分析対象としたのではなく、遠回りあるいは先回りして『将来社会論』を論ずることに重点を置いた」とし、特に、第3章では、ネグリ／ハートが、ラクラウ／ムフの「根源的民主主義」（ラディカル・デモクラシー）に対して批判的なスタンスから「絶対的民主主義」を展開した一連の著作、特に『マルチチュード』『コモンウェルス』の内容が取り上げられている。また、これに関連するS．ジジェク、D．ハーヴェイらの議論に対して、鈴木はいずれも実践論が不十分ないし議論の欠落があると批判し、「創造への実践を位置づけるようなポスト・ポストモダンの学、グローカルな『実践の学』を必要としている」と考え、第Ⅲ編での北海道の実践事例を「すでに始まっている未来」として提示している。

本節では、これらの鈴木の理解と提起について、その要点を捉え考察を加えておくこととする。

鈴木によるネグリ／ハートらの所論の検討の鍵となっているのは、グラムシの「ヘゲモニー」論であり、政治的国家、市民社会、経済構造からなる「グラムシ的三次元」であるので、はじめに、前掲書第1章「政治・社会・経済を統合するヘゲモニー＝教育学的関係」の概要を見たうえで、ネグリ／ハートの最新の提起を手掛かりに、将来に向けた民主主義の在り方について考えてみたい。

## 1 「政治・社会・経済を統合するヘゲモニー＝教育学的関係」（第1章）の概要

ここで対象となっているのは、グラムシの理論的枠組み、なかでも「政治国家―市民社会―経済構造」という「グラムシ的三次元」総体に対する理解である。そして、「ソ連型社会主義諸国におけるいわゆる東欧民主主義革命」や「先進資本主義諸国における新自由主義＝新保守主義的政策」が展開する中、「１９９０年代に『市民社会論』が国際的ブームとなった」として、欧米における主だった議論の特徴を紹介している。しかし、それらの議論は「いずれも問題提起に終わっており、具体的な理論と実践は21世紀へ引き続く課題となった」という[1]。

そのうえで、J．アーリが「社会科学における非線形的分析のもっともすぐれた例」としてマルクスの理論、ネグリ／ハートの理論を挙げている点に注目する一方、グラムシの社会理論に触れていない点に疑問を呈し、グローバリゼーションに対応したグラムシ研究の展開について、１９９７年に開催された「グラムシ没後六〇周年記念国際シンポジウム」での報告が紹介されている。

シンポジウムでの注目点としては、グラムシとアマルティア・センの方法論的共通性を踏まえ、「グローバリゼーションの巨大な過程をコントロールし、今日の複雑性・多様性に対応するための民主的ヘゲモニー形成の問題」が提起されていることと、「サバルタン（従属的社会集団）論」がグラムシ研究の重要テーマとされていることが挙げられている。

これらをふまえ、最近のグラムシ研究における傾向・特徴として、先進国におけるオルタナティブ・ヘゲモニーと変革主体形成を直結させた論と、現代資本主義国家のヘゲモニー構造・体系・装置の強靭さの諸契機の解析指向との二つ、それらに共通する「方法としてのグラムシ」という松田博の指摘などを踏まえ、鈴木のグラムシ評価の基本的視点が示されている。それは、「ヘゲモニー論は、三次元全体にわたるのであり、その統合の理論であると確認できる」、そして、ヘゲモニーの一般的理解における「同意組織化の機能」を「教育学的関係」ととらえ、グラムシが、あらゆるヘゲモニー関係は「教育学的関係だ」と強調していることに注目する必要があろうというものである。この「ヘゲモニー＝教育学的関係」という理解については、グラムシの教育論の内容を引用しつつ、近代の政治的民主主義との関係で次のように論じられている。

グラムシによれば、近代の政治的民主主義は、「市民社会と政治的国家の分裂を前提に、それまでの封建的な政治組織、あるいは、経済的＝同業組合的な政治組織の限界を乗り越えようとするもの」で、「普遍的な『国民』形成段階に対応し、基本的社会集団が他の従属的諸集団に対して、知的・道徳的ヘゲモニーを確立するために不可欠な歴史的政治制度」であるという。

これを前提に、グラムシは、教育理論と教育実践の現代的提起において教師と生徒の関係に見られる相互的性格は、社会全体を通して存在しており、いかなる「ヘゲモニー」的関係も必然的に教育的関係であり、世界的な全領域における、諸国家、大陸、文明総体の間に生じるものであるとしているという。その際、「思想の自由及び思想表現（言論出版）の自由」の発展が社会的条件とされていることを捉えて、グラムシは知識人と大衆による「知的・道徳的ヘゲモニー」形成の一環において「民主主義」を位置づけていたとする。そして、グラムシにとって、「知的・道徳的ヘゲモニー」確立は、私的個人であることを超えて、社会的個人、道徳的人格として自己形成すること、そのことを通して「国家の市民社会への再吸収」、したがって、国家公民であることを超克していくことを意味したとする[2]。このような内容を踏まえて、「民主主義と教育」を検討していく際の出発点は「近代的人格」であるとする次のような鈴木の視点が提示される。

まずロールズの「公正としての正義をめぐる民主主義の再検討」や、ハーバーマスの「協議的な民主主義」の理論などを踏まえ、公民における「国家公民」と「道徳的人格」の対立・矛盾を克服する「公共性」形成、その制度化の課題が示され、公民（civic）教育は市民性（citizenship）教育に支えられる必要があるという。さらに、根源的民主主義を志向するなら、市民における「私的個人」と「社会的個人」の矛盾を克服する「協同性に基づく公共性」が問われなければならないと述べている。この提起は、ハーバーマスが「公共圏」を政治システムと生活世界の行政システムを媒介する「中間構造」とし、「政治行為システムは生活世界のコンテキストに根差している」と指摘していることを肯定的に受け止めつつ、その展開、つまり、具体的な生活課題や地域課題に関わる「社会的実践」＝「社会的協同 association 活動」について、民主主義の課題として触れていない点を問題とし、「連帯の権利」を発展させる「現代的人権」の全体像が示されなければならないとしている。

最後に、グラムシが「教育理論と教育実践の現代的提起」としていた内容は、19世紀末からの新教育運動にあたるという理解に基づいて、新教育運動の代表的な理論と実践として、J.デューイに代表されるアメリカのプラグマティズム的教育改革運動を取り上げ、「民主主義と教育」論の再検討の必要性が示される。デューイについては、柿沼良太や上野正道らによるデューイの民主主義論と教育論の再検討が参照され、後期デューイ（柿沼による区分の1925年以降）において、民主主義論の変容と展開があり、「大衆」社会化状況を克服するために、「協同的生活（associated life）」を重視した新たな「共同社会community」形成、「民主主義的社会主義」が主張されるまでになっていたと述べている[3]。

さらに、J．J．ビースタの、「デューイを見直しながら、『計測の時代におけるよい教育』は何かを問うた…民主主義＝主体化」論を取り上げている。ビースタは、H．アレントの影響を強く受けつつ、人間であることの特異性、複数性、差異に注目し、経験の中断による学習の条件づくりとして教育を捉え、アイデンティティ形成（自己実現）が相互承認と不可分であると考えている点は、鈴木の考える主体形成（自己実現と相互承認）と重なると述べ、さらに、市民としての学習とシチズンシップ教育の主体化構想は、後期デューイの「民主主義と教育」の思想の展開であるとしている。

このようなビースタの提起も踏まえて、鈴木は、「人権理念を現実化する社会的協同実践によって、近現代人格の自由と平等を統一する運動であり、公共性を形成する自己教育活動（主体的な学習実践）を不可欠とする」という自身の民主主義の定義を前提として、「現代的人権」に対応する、「人格の自由と平等」の展開について表6－1にまとめている[4]。

この表では、政策理念からとらえた現代国家の様態、市場主義的自由としての〈選択・拒否の自由〉から、政治的実践としての〈参画・自治の自由〉に至るプロセスとしての「自由の展開過程」、「アソシエーションとコミュニティ」の展開としての「社会的協同」などを縦軸として、それら相互の関係が示されている。そして、日本国憲法で規定されている（平和的）生存権・教育権・労働権の拡充だけでなく、「地方自治」権を今日的な参画＝自治権として発展させることも、民主主義の豊富化にとって重要な課題であると述べている。

表6-1　現代的人権と「人格の自由と平等」の展開

| 現代国家<br>（政策理念） | 公民形成 | 現代的人権<br>〈社会的協同〉<br>学習領域<br>〈ユネスコ21世紀<br>教育原則＋α〉<br>〈人格の自由〉<br>〈人格の平等〉 | 市民形成 |
|---|---|---|---|
| 法治国家<br>（自由主義vs<br>人権主義） | 主権者 | 人権＝連帯権<br>〈意思協同〉<br>教養・文化<br>（知ること）<br>〈選択・拒否〉<br>〈機会均等〉 | 消費者 |
| 福祉国家<br>（改良主義vs<br>社会権主義） | 受益者 | 生存＝環境権<br>〈生活協働〉<br>生活・環境<br>（人間として<br>生きること）<br>〈表現・批判〉<br>〈潜在能力平等〉 | 生活者 |
| 企業国家<br>（新自由主義vs<br>革新主義） | 職業人 | 労働＝協業権<br>〈生産共働〉<br>行動・協働<br>（なすこと）<br>〈構想・創造〉<br>〈応能平等〉 | 労働者 |
| 危機管理国家<br>（新保守主義vs<br>包容主義） | 国家公民 | 分配＝参加権<br>〈分配協同〉<br>分配・連帯<br>（ともに生きること）<br>〈参加・協同〉<br>〈必要平等〉 | 社会参加者 |
| グローバル国家<br>（大国主義vs<br>グローカル主義） | 地球市民 | 参画＝自治権<br>〈地域響同〉<br>自治・政治<br>（ともに世界を<br>つくること）<br>〈参画・自治〉<br>〈共生平等〉 | 社会形成者 |

このあとさらに進んで、「21世紀型の民主主義の在り方」を展望するために、根源的民主主義（ラディカルデモクラシー）、ネグリ／ハートによる「絶対的民主主義」についての鈴木の理解が示されるが、ここでは、「絶対的民主主義」が提起されて以降の状況について、A．ネグリによる近代民主主義批判の内容を参考に、鈴木の議論を吟味するにとどめておく[5]。

## 2 「絶対的民主主義」論の展開論理について

この「展開論理」についての考察の焦点は、ネグリ／ハートの議論における、マルチチュードの主体性の形成、つまり、マルチチュードは、いかにして新しい民主的諸制度の構築者となり得るのかにある。『マルチチュード』においては、「マルチチュードの民主主義は『新しい科学』すなわち新しい状況に立ち向かうための理論的パラダイム」を必要としており、その最大の課題は、「主権をいかにして破壊して民主主義をうちたてるか」にあり、「主権の破壊は現存する条件に基づく新しい民主的な制度構造の構成と手を携えて進むよう組織されなければならない」とされるにとどまり、具体的な展開論理は必ずしも明らかでないと鈴木は見ている[6]。そこで、鈴木が参照したのが、『マルチチュード』出版から翌年にかけてパリで行われたネグリによる講義をまとめた〝Fabrique de porcelain〟(陶器製造工場)２００６(邦訳『さらば、〝近代民主主義〟』２００８)である[7]。

ネグリの序文によれば、本書は、「近代からポスト近代への移行を、政治的、哲学的分析を通して把握することを目的としていた」もので、「政治的領域の変容に相応した政治的言語の必要性を表明する」というねらいを持っている。

ここにも明らかなように、ネグリは、現代を「ポスト近代」として、「近代」との峻別の地点に立って、労働や主権、そして何よりも、生政治の現実化と資本のもとへの社会の実質的包摂に現代と近代との根本的な差異をみている。したがって、民主主義論も新たな論理でもって構成されることになる。

同書でネグリが、批判の対象としたポスト近代の思想は、「三つの本質的な哲学的形態」として、ネグリ自身により次のように要約されている。

①近代の存在論に対する哲学的反動であり、ならびに資本のもとへの社会の実質的包摂の承認の思想である。マルクス主義の一種の異端であるが、主観性を商業的流通に還元し、使用価値への一切のレファレンスを消去し、生産と流通の等価性を固定化してしまう思想である[8]。

②マージナルな抵抗としてのポスト近代の思想は、一種の「商品の物神崇拝」と神秘的な終末論の間で揺れ動いている思想である。デリダ、ナンシー、アガンベンなどがそのような場所に身を置いている。

③我々の置かれている歴史的局面を承認するだけでなく、それに対応する敵対性をも承認する思想としての批判的ポスト近代である。したがって、主体化の空間の再構築としてのポスト近代の思想でもあり、主としてフーコー、ドゥルーズの思想によって代表される[9]。

以上を前提として踏まえたうえで、「マルチチュードを形成することは、新たな民主主義をつくることである」と題された本書の結びの内容からその要点を拾っておこう[10]。

まず、「近代とポスト近代の区切りを強調し、次に、生政治的なものの発生にさかのぼった。この生政治という新たな横糸は、これから、すべての政治的―哲学的なテーマ系が直面しなければならないものである」という。そして、「植民地の解放…それに引き続く移動と国境の概念の再定式化」と、「行政と帝国的な支配のグローバル化が必然化した新たな主権形態と近代的主権との対立」という、「グローバリゼーションが引き起こした国家の二重の危機」を強調している。さらに、上記のポスト近代思想に対する批判を出発点として、抵抗の権利、構成的権力、マルチチュード的な力と化した新たな主権的権利を、現在の権力システムの内部、核心部に存在しているものとして提示する。その際、時間の再定義が語られる。民主主義の旧体制からの「脱出」＝絶対的民主主義に向かう緊張感という歴史の次元と、存在論的次元（現実的な時間の中に深く潜り込む）というふたつの次元である[11]。

鈴木は、近代とポスト近代の区切りをテーマに、現代政治を語るための新しいカテゴリー（語彙）を説明している同書冒頭の講義「工房1」を踏まえたうえで、マルチチュード論への異論についての講義「工房4」の内容に注目している。該当の箇所の叙述が限られた引用によるものでわかりにくくなっているので、ここでは、ネグリ自身の叙述をやや詳しく追っておこう。

「工房4」では、マルチチュード論に対する異論として、ふたつの「反論」が取り上げられている。ひとつは、「この概念は反システム的力として作動する能力がない」とする告発、もう一つは、「マルチチュードの即自から対自への移行を叙述することができない。つまり、マルチチュードを統一的な再構成の―したがって、いっさいの弁証法的なまやかしの外側で有効な政治的行動を発展させることができるような―審級として定義することができない」として告発するものである。

二つ目の反論は、おもにピエール・マシュレイ（Pierre Macherey　アルチュセールの弟子　スピノザと文学理論が専門）によって行われ、その問題提起は、先の根本的な問題をはるかに超えたところ、マルチチュードをいかにして行動の統一性に結び付けるのかという問いであり、そのこと（結び付けること）が可能であるとして、マルチチュードがどういう点で（支配権力に対して）敵対的なのかを問うものであるという。

この問題提起に対してネグリは、「マルチチュードを主観的に（即自的に）有効化し、客観的に（対自的に）敵対的にするのは、マルチチュードの内部からの〈共〉の出現である」と応える。この〈共〉の出現は、「生産の観点からすると、今日、〈共〉はあらゆる社会的価値化の条件であり、また政治的観点からすると、それは主観性が組織される形式そのものである」という。「したがって、もはや行動の統一性を探求することが問題なのではなくて、重要なのは動的編成の一貫性が作動していることを示すことなのである」とされる。

「工房4」での講義は、このあと、〈共〉の出現が持つ意味をめぐって展開される。そこでは、〈共〉は、単に、客観的に同質化された非物質的かつ協働的な労働の次元を定置する基盤であるだけではなく、ある持続的な潜勢力・生産力であり、変革と協同の力能でもあることが示される。つまり、客観的基盤と主観的基盤との節合として提起できるというのである。この点は、マルクスの不変資本と可変資本の概念に対応する関係とみることもできるが、非物質的労働、認知労働が支配的となった現状においては、労働者自身の頭脳の中に生産手段が自律性をもって保持されているとネグリは考えている。「労働力の新たな機能」とも表現されるこの観点は、「生産手段は労働の組織体の中に組み込まれた特異性に内在化した」と説明されている。したがって、固定資本と可変資本の弁証法的な綜合というマルクスの概念は機能せず、可変資本──つまり労働力──は、ある種の自律性を獲得したとされることになり、そこから、〈共〉のさらにその本質に踏み込んだ定義と特性が導かれる。

〈共〉は、本質的に、生きた労働（労働力・可変資本）が独自の仕方で動く開かれた領野として定義されうると言わねばならない。それは、自律した主観性の生産の結果と、特異性の協働の結果とが、蓄積され、強化される場である。〈共〉とは、不変資本（資本一般）から独立して、不変資本に逆らう労働力（可変資本）によって生産された、あらゆるものの総和なのであると定義され、そこから導かれる特性は、「敵対的な主体相互の間の矛盾した関係の新たな表現に対応したもの」、「新たな主観性の表現形態」となる。マルチチュードの行動の統一性の表現も、この「新たな主観性の表現形態」として理解される。つまり、「マルチチュードの行動的統一とは、マルチチュードにとって実現可能な表現の多数多様性にほかならない」[12]のである。

マルチチュード概念は、単に〈帝国〉に対抗する主体としての〈マルチチュード〉という図式ではなく、近代からポスト近代へ、産業労働者（製造業を中心とする工場労働者）から、非物質的・認知的労働へのシフトという、社会構造の基本的変化、労働の変容を前提とした、新たな視座を設定しようとしているものであり、とくに、多数多様な生産・運動の主体相互の関係を重視し、また、資本―労働という（階級的）対抗関係でなく、資本の変容によって生まれる、生産の内部・その核心部における主体性（主観性）の生成論理を変革論の中心に据えている。

この点に対して、様々な立場から批判も寄せられているようであるが、1960年代末以降の「新しい社会運動」や、特に2011年のアラブの春とそれに続く一連の蜂起に直面して、運動の内部に入り、多様な運動主体との対話を重ねながら練り上げたられている論理である点を考慮しつつ、〈帝国〉〈マルチチュード〉〈コモンウェルス〉、さらには、近年の〈アセンブリ〉といった独自の概念と、それらによって構成される論理については、内在的な検討・批判が必要である。少なくとも、ネグリ／ハートの提起には、グローバル資本主義によって引き起こされている世界の危機的状況を打開する、新たな民主主義論、社会運動論を真摯に探究しようとする確かな意思があると受け止めて、生産的・建設的な議論を進めることの必要性に疑念の余地はない。

この課題は、現在のところ、筆者の力量の範囲を超えるものであるが、先駆的に取り組んだ鈴木の論考に検討の余地を感じるところもあるので、その点を少しでも明確にすることで、筆者自身の今後の考察につないでおきたい。

マルチチュードについてのこうしたネグリの考え方に対して、鈴木は、『経済学批判要綱』や『資本論』における論理レベルの差異を踏まえた社会的陶冶過程などへの言及が不十分で、課題を残していると指摘している。また、「主権の生政治的定義」に関わって、マルクスとは異なる意味で「資本のもとへの社会の実質的包摂」に触れている点は、注目点としている。

21世紀のグローバル化した資本主義への対抗軸をいかに築いていくかについてのネグリの理解は、ポスト近代という時代区分を前提に、労働の変容によって、資本―労働者ではなく、少なくとも、資本―その内部で生成される新たな主体性（主観性）としてのマルチチュードとの間ということになり、資本―権力も、国民国家を前提とした個別的権力ではなく、グローバル化したシステムとしての〈帝国〉の様態をとっているというものと理解できる。

このような理解は、グローバル次元における、マクロな対抗関係、新たな主体イメージとしては、あり得ると思われるが、具体的、ローカルなレベルではどうであろうか。それは、そもそも『資本論』の基調となっている、物象化を軸とした資本の運動論とは質の異なる次元での議論と思われる。マルクスの図式（対抗関係）だとどうしても単一・画一化のイメージになりがちである。ネグリは、資本―労働者の客観的関係とは区別して、主観的関係という次元において、労働の側に自律的に形成される〝主体性〟を見ようとしていると思われる。その方が、現代の多様化した生産形態に適合するということであろうか。多数多様性という視点にもマッチしやすい発想といえる。しかし、反面、主観的関係という枠組みが、概念の観念性を意味しはしないかという危惧を感じる。運動のモチベーション、意識を捉える方法論としてはわかりやすいが、その有効性は限定的ではないだろうか。このような点を、鈴木は、社会的陶冶論がなく不十分と評価しているのかもしれない。

以上、マルチチュードによる新しい民主主義の構築に関わる第一の論点として、「マルチチュード内部からの〈共〉の出現」についてやや詳しく引用し若干の私見を加えてきたが、二つ目の論点は、資本主義社会における公と私、国家と個人の関係に、マルチチュード、〈共〉の概念がどのように関わってくるかという問題である。

この論点は、「工房4」の「公と私を超えて」というテーマそのものに関わるものである。それは、マルチチュードの内部から出現する〈共〉は、公と私をつなぐ、媒介としての領域、第三の道ではなく、マルチチュードの概念―特異性の総体、無限の特異的活動を結び合わせる協働的な織物（組織）の総体―に示されているように、資本の管理に対して、敵対的かつ代替的なものとして提示される第二の道として示されている。鈴木は、この点に特に注目して、現代社会の構造と変革主体形成に関わる重要な論点と考えていると思われる[13]。また、この点に関わって、「工房4」の終盤で、ネグリが福祉国家とマルチチュード的構築の持続性の不在に言及している点を、グラムシの「翻訳」の概念に関わるものとして注意を促している。ここでの「翻訳」の意味するところは、多数多様性を特徴とするマルチチュードにおいては、様々な（運動の）主体間の差異を踏まえたコミュニケーションにおいて求められる共通の言語（概念）の問題である。

次に、3つ目の論点として鈴木が取り上げるのは、ネグリが、フーコーとドゥルーズに学んで差異／抵抗／創造性が「ポスト近代哲学の政治的言説の核心にある」としていることである。これは、ネグリが「工房6」で、「来るべき時代の存在論的構築へ」と題して、「我々が置かれている生政治的コンテクストを説明しうる諸概念（差異、分離そして／あるいは分離主義、「抵抗」、「集団移動」など）を明確にし…今日における政治的決定というテーマを把握する」試みの前提となる視点である。

この「政治的決定」をマルチチュードによるものと考えると、ネグリにあってそれは、差異を節合するためのコミュニケーションが鍵であり、「構成的権力の行使に向かっての絶対に必然的な移行過程」とされ、「共通の力による建設を通して下から、多数多様性から生まれ出てくる民主主義的展望の可能性に到達するもの」としての、「ガバナンス」とされているという[14]。ここで、「集団移動　エクソダス」の3つの定義に示されている内容に、鈴木は注目している。民主的「集団移動」の3つの定義として示されているのは、〈1〉脱出と抵抗を、「差異」として捉える（一般的知性が重要）、〈2〉物質的労働と非物質的労働との差異に関わる全空間を通じ、生きた労働の核心部にある創造的力能を再獲得すること、〈3〉そこ〈1〉に生まれるクレオール（混交）化やメティサージュ（交雑）の作動を踏まえて、ハイブリテーション（異種混交）によるメタモルフォーゼ（変態）への生成変化、の3点である。
この3つの定義は、「創造的・知的な混じり合いと交錯からなる形状」として「〈共〉への王道」を切り開くものとされている[15]。鈴木は、3つの定義それぞれが不明確としつつも、自身の「共同・協同・協働の響同関係」という枠組みに示唆を与えるものであるとしている[16]。

このようなネグリの一連の講義『さらば民主主義』の内容、そこに示された論理が、「共通の自由」へのオルタナティブ、政治的主体の形成の提起となっていると鈴木は理解している[17]。そして、「いずれにしても、ネグリにおいても、中心的テーマとなっていた「主観性」特に「主体性」の形成に関わる実践の展開論理の明確化が問われているとしている。さらに、この実践論の観点では、ネグリは、グラムシの「ヘゲモニー論」を評価しておらず、「ラディカル・デモクラシー」論についても、「純然たる社会学的ヘゲモニー解釈」であるとして批判的であるとし、さらに、「マルチチュード的主観性が、ヘゲモニーの帰趨を決する」「ヘゲモニーとは、今日、マルチチュードのことである」とまで言っているがその展開が見られない、という消極的な評価がされている。同時に『コモンウェルス』でのグラムシへの言及を引いて、グラムシの思想がネグリ／ハートの理論に大きな影響を与えていると見るべきであろうとも述べている[18]。この「影響」をとらえるために参考になるのが、『コモンウェルス』での次のような主張である。

グラムシは、多くの点で生政治ダイヤグラムの預言者である。（下p．261）同時にグラムシは、生政治ダイヤグラムの発展とともに新しい政治的斜線の可能性があることは予見していない…革命は、蜂起であると同時に制度の創設でなければならず、下部構造と上部構造の同時転換でなければならない[19]。

革命に必要なのは、新しい人間性の創出に向けた持続的な長い変容のプロセス…どのようにして蜂起という出来事を自由への生成と変容のプロセスに拡大するか。これこそが、まさに移行期問題（レーニンは、まず独裁、その後新しい民主主義へという弁証法的ふたつの否定）、しかし、独裁は人々に民主主義的実践のトレーニングを奨励しない…移行を導く政治的な線は…斜めに移動する。この政治的な斜線を、生政治ダイヤグラムに連れ戻すことが必要…基盤を人々が日常生活で行使している能力の探求に置くことが必要である。

ここでいう「斜線」は、レーニンの段階論的革命論に対して、ネグリ／ハートの「構成的権力」「生政治の内部的核心」における「主観性の生成」など、単に主権の奪取に尽きない、新しい主権、主体の生成過程論があると思われる。革命は、新たな変革主体によって遂行されるものであると同時に、新しい主体を生み出す過程でもあるという基本的観点を見てとれるのではないだろうか。ただ、鈴木の言うように、その過程の具体的な実践論は不明確かもしれない。その実践論は、「叛逆のサイクル」に象徴される、マルチチュードの実践から直接に導かれるもので、ネグリ／ハートの実践へのスタンス、単なる理論家とは異なる立ち位置と結びついているのであろう。

さて、ここまで、近代民主主義を相対化し、これを乗り越える民主主義を探る鈴木の議論を追ってきたが、すでに触れられていたように「ヘゲモニー関係＝教育学関係」という鈴木独自の視点から「主体形成」への理論と実践の在り方を問うという方法論の妥当性を裏付けようとする意図が見られる。その焦点は、マルチチュードの主体形成、そこで不可欠となる自己教育過程とそれを援助・組織化する教育実践過程、特に社会的実践と相互規定的に展開する「後段自己教育」過程[20]が明らかにされなければならないという提起に繋がっている。

この提起は、「グラムシ的三次元」に、地球環境問題、貧困・社会的排除問題の解決を念頭においた、自然―人間関係を加えた「四次元の民主主義とグローカル市民性形成」という課題に呼応したものである。この課題の解決に向けて、『マルチチュード』『コモンウェルス』以降に起こった「アラブの春」に始まる世界を巡った「叛逆のサイクル」に呼応するネグリ／ハートの提起、「ポストモダンの共産主義」を提起するS.ジジェク、『資本論』に基づく新自由主義批判で広く知られるD.ハーヴェイの主張を対象に、直近の世界情勢を踏まえた最先端の議論の展開がみられる。

そこで次に、「絶対的民主主義」その後、つまり、「帝国三部作」以降の世界の事態とネグリ／ハートの議論についての鈴木の評価をみておこう。

## 3　「絶対的民主主義」その後―「叛逆のサイクル」から学んだもの

まず、ネグリ／ハートの議論についてであるが、その前提は、新自由主義の勝利と崩壊がもたらした危機の結果としての主体性の変容であり、それは、次のように主体表象の転換として対比的に示されているという。①借金を負わされた者→借金をひっくり返せ　②メディアに繋ぎ留められたもの→真理を作り出せ　③セキュリティに縛り付けられた者→逃走し、自由になれ　④代表された者→自ら構成せよ

この前提から〈共〉の構成を主張するネグリ／ハートの理論的枠組みは、『コモンウェルス』でみられるものと変わりがないという。しかし、「構成的権力」が不可欠であり、構成的プロセスとは「主体性を生産する装置」としている点は、注目されるとしている。

「叛逆のサイクル」から学んだものとして、「自律的な時間」や「コミュニケーション」などとともに、政治の多元的存在論、特に連邦主義（アソシエーション）が主張されており、主体性生産の軸は、「議論し、学び、教え、学習と研究を進め、コミュニケーションを交わし、行動に参加すること」といった「アクティビズムの形態」を通して構成されるとされているという。そのうえで、〈共〉のための「教育のスキーム」が取り上げられている点に注目し、そこでは、①資源を〈共〉的なものにする　②自主的な管理運営の図式（スキーム）を発展させること　③すべての決定を民主的な参加からなる手続きに従わせることの、3つの原理が重視されているという。そして、重要なことは、思考することを発展させることで、教育の基本は常に「自己教育」であると述べている点であるとしている。

さらに、「社会全体の利益が教育の権利となる」ような教育の計画化、「全員を民主的な仕方で意思決定に

参加させるような〝構造〟の確立の必要性」が強調されているとしている。さらに、広範な規模での陶冶の必要性が説かれ、それは「〈共〉の開かれた分有に基づく民主的社会を構成するための不可欠の土台をなす主体性のことに他ならない…共民…構成的な参加者」という概念が紹介されている。

次に、S．ジジェクについて。ジジェクは、２０１１年の「叛逆のサイクル」以後、２０１７年に『絶望する勇気』（邦訳２０１８）でネグリを批判しつつ、新たな主体形成の在り方を探ろうとし、ネグリの議論に対し、「資本の論理の内側にとどまったまま」になるユートピア的発想という批判を展開しているという。ジジェクの主張のなかでの「西欧マルクス主義の決定的大問題は、革命の主体または行為者を欠いたこと」だという指摘について、鈴木はこの点を「まさに、主体形成の運動と理論が問われている」と受け止め、「物象の人格化」に伴う「意識における自己疎外」の問題とみているが、ジジェクには、そのような展開がないとし、『資本論』にいう「二重の意味で自由な」労働力商品、広く交換過程における「自由・平等・所有・ベンサム」的イデオロギーがもっている矛盾の理解が求められるところであろうと述べている。

そのうえで、ジジェクの主張については、次のようにまとめられている。

（物神性論を含む）資本の生産過程の論理全体を視野に入れなければならない。そして、そこで展開される物象化、自己疎外、社会的陶冶過程を踏まえたより緻密な社会科学、主体形成論を含んだ「実践の学」が求められる。つまりジジェクが、いまや「もう一度本気でコミュニズムに取り組むべきだ」と言っているが、そのためには、これらの理論的問題に取り組むことを通して、新しい「実践の学」を創造することが不可欠であるというのである。

鈴木が、ジジェクを参照して示しているここまでの論点は、２０１１年の「叛逆のサイクル」後の世界情勢を踏まえた「革命論」について、ネグリ／ハートのマルチチュード概念、そこでの主体の生成についての理論に対して批判的提起があることと、ジジェク自身の読み取り方（抽象化―疎外―陶冶）の全体的な検討の必要性ということである。そのため、自身の『21世紀に生きる資本論』をあげるとともに、独自の『資本論』論、資本主義批判を展開しているD．ハーヴェイを参照しようとしていると思われる。

鈴木はここでも物象化論を踏まえた「普遍的な疎外」の理解が前提であり、疎外を克服する政治的実践や教育実践の理論には「労働者大衆の『社会的陶冶』過程を踏まえた、主体形成成論」が必要であることを強調する。そして、ハーヴェイの時空間論は「人格」の構造的理解を踏まえた「実践的空間」論として再把握されなければならないという。

その際に念頭におく典型となる〈実践〉とされるのが、東日本大震災の〝復興〟である。人間的復興を求めて取り組まれた被災地被災住民の活動とそれを支援する今日的運動、それらに伴う自己教育活動と『教育計画化』（ネグリ／ハート）と、それを推進する教育実践の創造[21]が21世紀的課題として次に展開される。

## 4　21世紀的課題　4次元の民主主義とグローカル市民性形成へ

ここでは、実践論がテーマであるが、「人格の自由と平等」の展開を保証する現代的人権、それらを具体化する社会的実践、それらに不可欠な学習活動を援助組織化するものとして、21世紀的教育実践の再定義が必要という。

しかし、現段階の「グラムシ的三次元（政治的国家、市民社会、経済構造）」に規定された教育活動は、「疎外された教育労働」＝教育制度の下で展開せざるを得ないので、次の6つの課題の検討が必要としている[22]。

〈1〉アソシエーティブ・デモクラシーの再検討（P．ハースト／マルクス／デューイ：今日的矛盾を踏まえた学習）

〈2〉グラムシ的三次元に、自然―人間関係を加えた「四次元」の枠組み（V．シヴァ：アース・デモクラシー）

〈3〉現代資本主義を支える科学的・技術的基盤の変化に対応した民主主義の課題

〈4〉自然・人間・社会の在り方を循環性・多様性・技術的可能性の観点から捉えなおす（持続可能な発展のための教育ESD→地球市民教育（Global Citizenship ED）

〈5〉「世代間・世代内の公正」を実現するより公正や平等に重点をおいた「民主主義と教育」の推進・人権思想の発展

〈6〉上記のような、学習・教育実践に内在する「実践の論理」を体系化していくようなポスト・ポストモダンの「新しい学」[23]

右記〈6〉の関連で引用されている下司晶の提起を踏まえての、鈴木の結論は、ポストモダンの近代批判を超えてさらに、ポスト・ポストモダンの理論と実践が必要だとしていうものである。また、ポストモダン批判に終始することなく、政治・経済・社会の総体にわたる「ヘゲモニー＝教育学的関係」の批判的検討を踏まえ、近現代人権における矛盾関係とそれを克服していく実践論、社会的協同実践と学習活動を位置づける「新しい実践の学」が求められるとしている。「新しい実践の学」は、「人間の社会科学」＝「最広義の教育学」でなければならないともいう[24]。

---

1　紹介されている議論は、J．エーレンベルク『市民社会論—歴史的・批判的考察—』、J．アーリ『経済・市民社会・国家—資本主義社会の解剖学—』、M．ウォルツァー『グローバルな市民社会に向かって』（同書でのコーヘン、ニールセンの論）。

2　ここでのグラムシの主張の要旨は、次の邦訳からの引用。D．フォガーチ編『グラムシ・リーダー』東京グラムシ研究会監修・訳 お茶の水書房 1995

3　ここでの引用は、『公衆とその諸問題』1927　の内容から

4　鈴木　前掲書 p．59

5　ラディカル・デモクラシーの主張について鈴木は、根源的な新しさ（複合的社会性・歴史的行為者の複数性、ヘゲモニー的融合）を持ち、グラムシのヘゲモニー論を位置付けているが、複数主義的な民主主義における主体の在り方などについてなお乗り越えるべき課題があるとみている。ラディカル・デモクラシーについての評価については、本書の紙幅の関係もありネグリ／ハートによる絶対的民主主義の内容も踏まえ、稿を改めて検討することとしたい。

6　『マルチチュード』下　pp．257-258

7　同書では、ネグリ／ハートの論における主要なカテゴリーについての定義が行われている。

8　例示されている思想家は、ジャン＝フランソワ・リオタール、ジャン・ボードリヤール、ジャンニ・ヴァッティモ、リチャード・ローティーなど

9　A．ネグリ『さらば近代民主主義』2008 作品社 pp．41-42

10　同　pp．231-234

11　後者については、「貧困と存在論的潜勢力としての愛との間を走る、ギリギリの境界線」という比喩的な表現がとられている。この「愛」については、『マルチチュード』においても、「マルチチュードの民主主義の新しい科学」の中で位置づけられ、「政治的な愛の復活」としてその意義が強調されている。（邦訳『マルチチュード　下』２００５日本放送出版協会　ｐｐ．２５３‐２５５）
「抑圧からの解放と自由になることという歴史的進展を擁護するための力の展開」を「愛の行為」とし、「愛は〈共〉にもとづく政治的プロジェクトと新しい社会の建設の基盤になる」と述べている。（同ｐ．２５５）

12　Ａ．ネグリ前掲書ｐ．95

13　ネグリ／ハートのマルチチュード概念は、近代とポスト近代との明確な区別、資本主義の展開過程での生権力、生政治の出現、非物質的、認知的労働を典型とする労働の変容を基本的前提として構成されている。そこにある複数性多数性を特徴とする生産主体の節合であるマルチチュードという社会の対抗構造の捉え方は、マルクスによる、資本主義的生産様式のもとでの、資本家と労働者の階級対立、物象化による労働者の自己疎外とその矛盾を原動力とした変革主体の形成という、「伝統的な」マルクス主義の認識構図とは明確に異なるもので、したがって、それぞれの民主主義論を構成する基本概念に、重要な違いがあると思われる。この違いは、ネグリ／ハートの一連の議論がもち得る、現代社会の変革論としての妥当性に関わる重要な論点でもあるので、あらためて検討することとする。

14　「工房８　ガバメントとガバナンス」より　ここでは、複数の主体間の調整といった一般的意味と異なる内容で論じられていることに留意が必要であろう。

15　Ａ．ネグリ前掲書ｐ．１４８

16　鈴木は、ネグリの「集団移動」の概念に対比させて、公教育は、私有財か公共財かという議論を引き合いに、前者では公立学校からの「脱出」が、後者では、「意見表明」が重要となるという見方を示したうえで、「脱出」よりも、「厚みのある弱い結びつきのネットワーク」の存在が、公共財としての公教育という認識が市民の間に生まれる基盤となるという見解（Ｄ．ハラリ　Ｍ．グラノヴェッター『社会と経済―枠組みと原則―』）を、デューイの「公衆」概念にもつなげてコメントし、ただし、実践論への繋がりがないとしている。これに対して、ネグリの「集団脱出」概念は、実践論の契機を含んでいるという理解と思われる。

17 「工房10」「共通の自由の時間」というのは、10回の講義全体を通じて、ネグリが提起しようとした「マルチチュードを形成することは、民主主義を生産することにほかならない」という主張の論証全体につけられた表題である。

18 鈴木　前掲書pp.83－84

19 これに関連して、同じく邦訳下巻で「革命的移行期の問題」を取り上げた内容が参考になる。（同　pp.253－262）

20 「後段自己教育」過程という語については、鈴木の関連する書で確認が必要であるが、未だできていない。

21 本書第2章で紹介した北海道の地域づくり教育実践もこの「定型」にあたる。

22 鈴木『「コロナ危機」を乗り越える将来社会論』pp.92－96

23 この「ポスト・ポストモダンの学」に関連して、下司晶の『教育思想のポストモダン―戦後教育学を超えて』が取り上げられている。下司によれば、ポストモダニズムの遺産として①プラトニズム批判：教育の「本質」という発想を禁じ手とした　②言語論的転回：言語は世界を表現するのではなく、世界を構成する＝哲学との関係の問い直し　③人間学の隆盛：陶冶は教育を超えるもの　教育を生成に置き換える　④新たな政治実践へ：研究者が置かれた文脈への反省の4点を挙げ、このうち①から③は、④の可能性を示している。そして、結論的には、「社会の論理」と「教育の論理」の二分法を排して、「教育思想を社会思想とともに語る」ことを提起している。

24 この点については、鈴木『エンパワメントの教育学　ユネスコとグラムシとポスト・ポストモダン』（1999）参照

## 考察Ⅱ　現代社会に胚胎する変革可能性を問う

二部における筆者の最大の関心は、鈴木の「社会的陶冶過程」の概念にあった。現代社会の変革主体形成の中心となる契機をどこに求めるかを考えたとき、人格形成の自律性とそこに働く社会的な力との相互関係が焦点であると考えたからである。「社会的陶冶過程」は、この相互関係の展開過程をとらえた概念であり、資本主義的生産様式が高度に発展した現代日本社会を前提としている。そのように考えたから、二部では、資本主義的生産様式において労働者がその矛盾を自らに敵対的に現れる疎外としてとらえる論理を、『資本論』を中心にマルクスの物象化論から説いた佐々木隆司、『資本論』以降の研究に着目しマルクスのエコロジーをとらえ、将来に向けたマルクスの思想の可能性を提起している斎藤浩平、そして、近代民主主義を相対化し、「ラディカル（根本的）」な、あるいは「絶対的」な民主主義論、新自由主義的な資本主義のグローバルな展開のもとでの新たな主体像についての鈴木の議論について検討してきた。ここで、改めてそれぞれの要点を踏まえ、「社会的陶冶過程」概念の妥当性を確認し、現代社会の変革可能性とその主体像を探る手掛かりとしておきたい。

### 物象化論という視点

まずは、物象化論から振り返ってみよう。物象化論は、『資本論』第1部商品章において示されている、私的生産者はその生産物を価値物・商品として互いに関係させあうことによって、はじめて社会的関係を結ぶことができるという基礎的な理解に基づいている。今日、商品は、生産と労働、さらには流通の高度化・多様化、さらにはグローバル化によって、単純な使用価値・消費財として捉えることや、一定圏域の経済循環の中で具体的にイメージすることが難しくなっている。また、労働の形態や質も大きく変化し、時間や強度などによって単純にその価値を図ることが難しく、また、実際の労働や雇用形態の変化・多様化によって、経営者・資本家と従業員・労働者との区別や労働者相互の関係なども、一義的に規定することが難しくなっている。6章で取り上げた「根源的民主主義」やネグリ／ハートの「絶対的民主主義」（全員による全員の統治）の理論展開でも、複数多様性が鍵概念とされ、労働組合や前衛政党に導かれた階級闘争に代わって、「帝国化」された主権権力と対峙する抵抗主体としてのマルチチュード、その複数多様性の下での節合関係から生まれる「構成的権力」が社会変革を主導するといった主張が一定の説得力を持って展開されていた。

しかしながら、「反逆の連鎖」と呼ばれた、「アラブの春」に始まる一連の新たな形態での闘争も、世界的な状況の持続的な変革の過程を生むに至らず、むしろ、グローバル経済における中国の影響力の拡大、ロシアによるウクライナへの侵攻による国際関係のブロック化の進展、国際的な物流や金融市場の混乱などによって、一層の困難が世界を覆っている。

鈴木は、今日支配的となっている資本主義的生産様式の下で、物象化が生み出す基本的矛盾が変革主体を生み出す原動力となるという理解を基軸としつつ、グラムシのヘゲモニー論、特にそこに含まれる「教育学的関係」への着目をとらえて、社会的協同と一体となった学習が未来を拓くという見通しを提起している。

喩えていえば発達の原動力としての生産様式における矛盾と源泉としての学習活動、そこで培われる力量を想定し、生産労働の場だけでなく、生活全体を維持・発展させる多様な活動の時空間としての「地域」を念頭におき、未来への確かな道筋をとらえようとしているとみることができる。

ここでは、本書6章の内容を振り返り、現代における変革主体形成の論理を考える手がかりを確認しておこう。

## アソシエーション論の可能性

アソシエーション論は、ソ連崩壊、東欧社会主義の終焉を経てなお、社会変革の理論としてマルクスの理論の可能性を見ようとする意図が基本となっていた。それぞれの論者の主張のポイントをまず振り返ってみよう。

田畑は、ソ連崩壊によるマルクス否定に抗して、これまでのマルクスの読まれ方にある誤りや弱さを踏まえ、それを超えるマルクス論の中心として、アソシエーション論を押し出している。鈴木の「社会的陶冶過程」概念においても、アソシエーションは、協働実践を担う組織として位置付けられていた。佐々木も、資本主義的生産様式＝全面的物象化の克服には「アソシエートした諸個人による本源的所有の回復」が必要とし、その際、アソシエーションの形成の可能性、アソシエートした諸個人における本源的所有回復のプロセス（論理）の解明が課題として残っており、その探求の試みが、「素材」への着目であるという仮説を提起している。

物象化・アソシエーション論をめぐる、このような三者の論点を含む研究と議論は、ソ連崩壊後の1990年代から2000年代にかけて展開され、2010年代以降になると、斎藤の著作に代表される最新のＭＥＧＡ資料を駆使したマルクスのエコロジー研究、「素材」に着目した論考が見られる。斎藤の一連の著書では、「コモン」の思想が、エコロジーと並ぶ重要な論点となっている。この生産手段の共同占有（コモン）という思想は、労働者（諸個人）のアソシエーション、アソシエートしたる労働者（諸個人）と重なる内容を持っている。

## 近代民主主義を超える民主主義

「アソシエーション」に未来社会論の可能性を読み取ることができるとしたら、マルクスに近代民主主義の限界を超えるヒントを見出そうとすることもありえよう。その際、考える一つの手がかりとなるのが、鈴木による「人格の自由と平等」の展開を保証する現代的人権、それらを具体化する社会的実践、それらに不可欠な学習活動を援助組織化するものとして、21世紀的教育実践の再定義が必要だとする提起である。鈴木は、ネグリ／ハートの議論を踏まえて、次のような論点を提示している。

マルチチュードによる「構成的権力」の発現＝展開メカニズム、〈帝国〉的ガバナンスを反転させるような「新しい制度」の構築に向けた学習実践の展開論理、「人格の自由論」に照応した「人格の平等」（共生平等）論、理性形成にかかわる地域的実践の時空間論などである。これらに応える提起が、第一部2章でみた社会的協同実践と学習活動を位置づける「新しい実践の学」であり、「すでに始まっている未来」としての地域づくり実践なのである。鈴木の提起に現れているように、今日、各種住民団体、ＮＰＯなど新しい主体が成長・拡大し、相互に協働関係を構成しつつある。また、それらの活動・協働をより豊かに展開しようとする計画的取組みを進めようとする動きも広がっている。しかし、同時に、それらの動きを既存制度内に組織化し（取り込み）、権力（国家・行政）の支配に組み込もうとする力も働いている。自治の主体の新たな質の形成と、回収（権力による）が平行して進みつつあるといえる。このような事態を、民主主義の質的発展へと方向づける自覚的取り組み、活動のスタイルが、今日とりわけ重要になっており、その点で『アセンブリ』での「マルチチュードの起業家活動」「集会＝集合形成の動的編成（アセンブリッジ）」という提起、そして、なにより「協働」というキーワードに、示唆的な論点が含まれている[1]。社会的生産・再生産における協働を、民主主義の政治制度とを単純に重ねて論じることはできないが、統一の契機を見出すための条件は、今日生まれつつあるのではないだろうか。

---

1　『コモンウェルス　下』「特異性論　2」p．284-287　では「グローバルガバナンス制度に要求する3つのプラットフォーム」として、「①誰もが健康な生活を営むための基本的手段　②平等な参加の条件　③〈共〉へのオープンアクセス」が示されており、『アセンブリ』では、それが、①ベーシックインカム　②〈共〉へのオープンアクセス　③集会＝集合形成（アセンブリ）の権利として示されている。

# おわりに　地域から未来をひらく活動と理論

第一部、第二部それぞれの内容を踏まえた一般化、筆者の現時点での理解の一端を先の考察に示してきたが、未整理ながら、最後に、主に経済的側面からとらえた現代社会の構造と、そこでの暮らしの主体形成の在り方とは相対的に区別して、法・制度としての民主主義について、近代民主主義を相対化しつつ、考えられる新たな可能性について、近年の動向を念頭に論じることで本書の結びとしたい。

現在の日本では、憲法の改正論議が政治的焦点の一つとなっている。戦争の放棄を定めた第9条が大きな論点となり、平和・安全保障がキーワードとなっているが、そこには、もう一つの論点、より根底的な問題領域があるように思う。それは、近代民主主義そのもののとらえ方である。

本書第二部でやや詳しく検討したネグリの『さらば近代民主主義』に見られるように、近代民主主義そのものが根本的な変容を迫られているという認識は、今日少なからず共有されていると思われるが、日本の現状をみると、「新しい資本主義」という名のもと、新自由主義的政策の見直しを装いながらそのさらなる展開が図られ、矛盾を深め危機をより深刻化している状況がある。そうした経済状況に強く規定されつつ、法制度・支配構造の根幹にかかわる政治的議論を伴って、大規模な軍備拡大を軸とした安全保障、人口動態の変動に対応する社会保障などの制度改変がドラスティックに進められつつある。

このような状況のもとにあって、社会の将来像とそこに至る変革の筋道をいかに描くのかが鋭く問われており、鈴木が「将来社会は民主主義の徹底・進化の先に展望できると考えている」と、将来社会論の前提に「現代民主主義論」を置いたのは、このような現状認識によるものであろう。

斎藤の「新自由主義によって、相互扶助や他者への信頼が徹底的に解体されたのちの時代に私たちはいる。だとしたら、結局は、顔の見える関係であるコミュニティや地方自治体をベースにして信頼関係を回復していくしか道はない」[1]という指摘も同様の認識に立つものと理解できる。

「民主主義の徹底・進化」という表現は、民主主義という理念そのものを普遍的・超歴史的な思想として置くものとも読め、近代民主主義にかわる進化形がどのようなものであるのかについて、『アセンブリ』でのネグリ／ハートの最新の提起も参照してひとまず考えてみたい。

キーワードは二つである。複数多様性とローカルコミュニティ。前者はいうまでもなく、ネグリ／ハートの提起を受けたものである。同時に、近年の社会運動を見たとき、ボランティアグループ、NPO、新しいスタイルの地域組織など運動の主体（アクター）の多様化がある。さらに、『アセンブリ』が提起した諸主体間の水平的「節合」という概念は、社会運動をグローバルにとらえた視点ではあるが、複数多様性に基づく主体の在り方を社会の様々なレベルにおいて探っていく手がかりとして有効なものであると思われる[2]。

「ローカルコミュニティ」という視点は、第一部の事例に照らして考えると、市町村という行政組織より小さく、今日でも様々な事業の範域として見られる「地域」「地区」など、昭和の合併前の旧村・小学校区に類する、住民の様々な協働関係・組織編成の単位を念頭においたものである。

社会の様々な側面で進むグローバル化や新自由主義からさらにその先へ進もうとする資本の運動という大

状況にあって、物象化が生み出す矛盾を原動力とする学び（社会的陶冶）を軸に、多様な主体の協働の舞台を身近な地域におくという運動の構図は、自治の再構築、民主主義の更新を展望することにつながるものと言えよう。

〝学ぶ楽しさが明日の地域をつくる〟いうスローガンを掲げたい。身近な地域に未来への希望を育み、新しい社会への扉を開くために。

---

1　斎藤『人新世の『資本論』』p．357

2　「諸々の主体性からなる多元性（＝複数性）を、単一の主体に還元しようとするのでなく、マルチチュードがそのすべての多数多様性において政治的に行動し、政治的決定を下すことを可能にするような節合メカニズムを創出すべきである。（第二の応答）」（『アセンブリ』pp．101‐105）
　ネグリ／ハート自身は端的な定義をしていないが、この「節合メカニズム」に対応するのが、「集会＝集合形成（アセンブリ）し、協働する」という活動であるとひとまず読み取っておきたい。「ポスト新自由主義社会もまた、今とは別の主体性が創出されるまでは、現れ出ることはないだろう」という言い方で、主体性の現代的対抗関係を説明している点にも注目しておきたい。

# あとがき

原稿をまとめ終わって、あらためて「これは出発点だ」という思いを強くする。公刊にふさわしいとはおよそ思い難い内容には、諸氏のご寛容を請うところである。

退職後の実質2年余りの〝読書ノート〟をもとに、長年の関心であった主体形成、それも社会変革に創造的にとりくむ個と集団のありようについて、自分なりの理解を描く作業を目指してきた。資本主義を歴史的・社会的にとらえる点では、なにより『資本論』、マルクスの方法論から学ぶところが大きかった。『新版　資本論』が刊行され、MEGA資料に基づく新しい研究成果が相次いで公表される時期と重なったことは幸運であった。近代民主主義をめぐる様々な議論も何とか視野に収めることができた。その意味で、本書は「出発点を見定めるための中間報告」と言えよう。この数年、日本と世界は一層深刻な危機を迎えており、打開に向けたラディカルな構想と実践が求められている。個人的には、古希を迎え残された時間は長くないが、社会に呼応する理論構築を次の10年の目標としたい。本書が、長年お世話になった方々への私からのささやかな恩返しになればと願うとともに、これからも身近な地域に未来への希望を見出す歩みを進めていきたいと思う。

本書の顔にあたる表紙のデザインは、信州の大切な友人、安曇野ビンサンチ美術館長の北山敏氏の作品によるものである。創造の楽しさにあふれる氏とのコラボ（協働）の機会をいただいたことに心より感謝する次第である。

２０２３年　初夏の洛北にて

築山　崇

築山　崇　（つきやま　たかし）
１９５３年生　京都府立大学名誉教授
１９７６年京都大学教育学部卒業後、京都市立中学校教諭、京都大学大学院・助手を経て、１９９２年より京都府立大学教員、２０１４年より学長。２０２０年３月同退職
日本社会教育学会、心理科学研究会等会員
〈著書〉『ふつうのむらが動くとき　地域再生への道を探る』共編著　２００９年　クリエイツかもがわ　他

社会変革の新たな主体像を探る
〜未来への希望は地域に〜

２０２３年１０月２０日初版印刷
２０２３年１０月３０日初版発行
著　者　築山　崇
発行者　岡田金太郎
発行所　三学出版有限会社
〒520-0835 滋賀県大津市別保３丁目３-５７ 別保ビル３階
TEL 077-536-5403 FAX 077-536-5404
https://sangakusyuppan.com

亜細亜印刷株式会社　印刷・製本